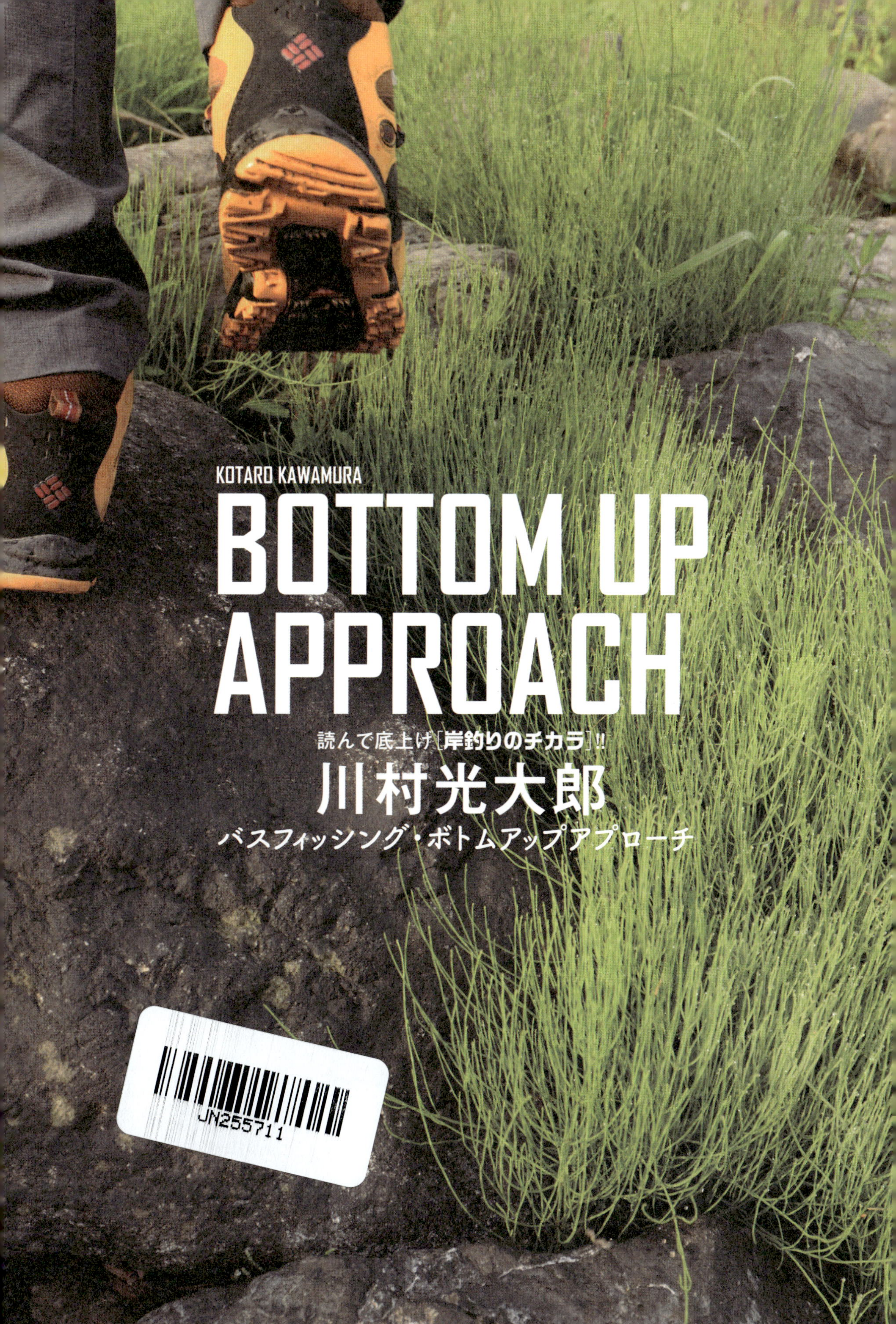
KOTARO KAWAMURA
BOTTOM UP
APPROACH
読んで底上げ[岸釣りのチカラ]!!
川村光太郎
バスフィッシング・ボトムアップアプローチ
JN255711

川村光太郎の釣りは「岸釣りのチカラ」を底上げするヒントに満ちている。

池に飼っているコイにエサをやる。その前に手をパンパンと叩くことを繰り返していると、コイはその合図を覚えて寄ってくるようになる。やがてコイにとっては人の足音がサインとなり、エサがまかれる定位置へ我先にと殺到するようになる。

では、釣り場に泳ぐ野生のバスはどうだろう。

ドタバタと何かが地面を叩く振動が水中へ伝わってきたあとで、ボチャン！　と飛んできたエサっぽいモノに食いついたら、空気中に引っ張り上げられてしまった。同じことが何度か起こる。ドタバタの前に少し離れたところからバタンという振動も伝わってきた。バスは、ドタバタとバタンとボチャン！　を危険を報せるサインとして学習する。サインというよりサイレンといったほうが正確かもしれない。

ドタバタはアングラーの足音であり、その前のバタンは車のドアを閉めた音、ボチャン！　はルアーの着水音である。

アングラーはバスを釣りたくて水辺に立つのに、「今から飛んでいくのはハリが付いたニセモノだから食

べちゃダメだよ」とバスに向けてサイレンを鳴らしてからキャストしていることがある。そういう矛盾が川村光大郎の釣りにはない。

ねらうスポットの至近にしか車を停められない場合、川村は車のドアをそっと閉めたり、時には半ドアのままで水辺へ向かったりする。

「バスフィッシングは僕にとって充分難しい。だから自分でさらに難易度を上げないようにしています」

そろりと水辺に近づき、するりとルアーをカバーへ滑り込ませ、一撃でグッドサイズのバスを引っこ抜く。そんなシーンをこれまでもう何度目にしてきただろう。川村にしかできないだろうと思うような超絶テクニックはもちろんある。けれど、その釣果を根底から支えているのは、「半ドア」に見るような細やかな配慮や、バスを反応させてしまう大小の要素の積み重ねだ。

本書には、川村光大郎の名も無き技術や細やかな配慮から、収納の工夫やタックル論、そしてテクニックまでを可能なかぎり盛り込んだ。読者の「岸釣りのチカラ」をきっと底上げしてくれるはずだ。

BOTTOM UP!

ソフトベイトに［クセをつけない］収納

ソフトベイトはクセがついたらダメ。クランクベイトでいえばトゥルーチューンができていないようなものだから。しかもクランクと違って釣り場ですぐには修正できません。

ソフトベイトはパッケージのまま保管しているんですけど、ブリスター以外のソフトなパッケージはワームをキレイに並べたうえで［平置き］することが凄く大事。［縦置き］するとパッケージの中でワームが下のほうに積み重なり、押し潰されてクセがついてしまいます。

それを防ぐために［平置き］するわけですが、この場合も何袋も積み重ねすぎると下のほうのソフトベイトは潰れてしまう。かといってすべて平置きすると収納スペースがいくらあっても足りません。そこで大型バッカンの中にハードケースを3段（3個）入れて、その中にパッケージを平置きしています。こうすれば、ソフトベイトに掛かる重さは、最大でもひとつのケースに入れてある分だけになります。クセがつきにくいうえに、ケースごとにある程度タイプ分けしておけば探すのも楽です。

ソフトベイトは、バッカンにぴったり収まるサイズのケース3つに分けて収納している

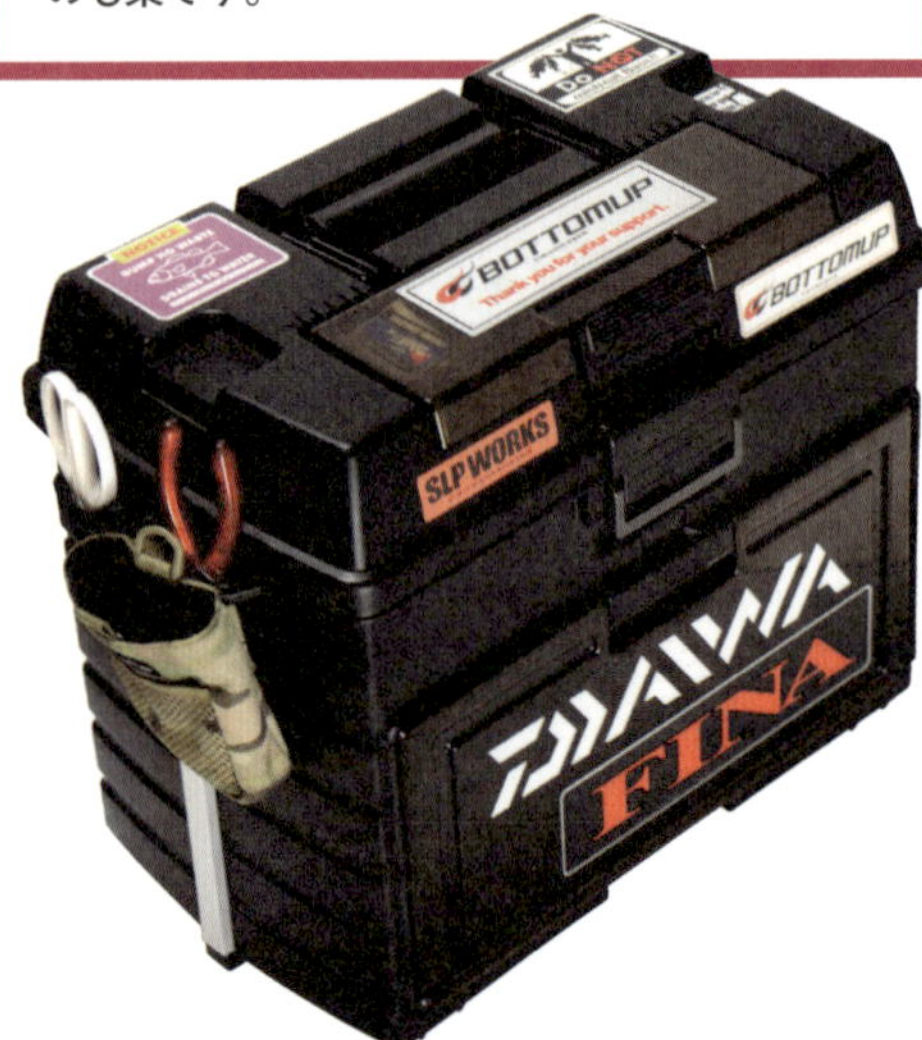

ハードベイトとワイヤーベイトは、全国各地の春夏秋冬とオカッパリにもボートにも対応するアイテムを厳選して大型ボックスひとつにまとめている。釣り場や季節に応じて釣行のたびに中身を入れ替えることはほとんどしない。収納によって、釣行前夜の睡眠時間を確保し、忘れ物も防いでいる。中身は83〜103ページに掲載

車内のロッドラックに使用しているコイル状のコード。ロッドを乗せるだけで固定できるのでスピーディーに出し入れ可能。伸縮性があるので取り出すときに引っ掛かってもティップやガイドを破損することがない

ジグ＆ポーク一式はFINAのミニバッカンを改造してコンパクトにまとめている。上段の小型ケースにはカバージグ、ラウンドヘッドジグ、スモラバなどのジグを収納。下段のタッパーにはポークが入っている。その他のトレーラーは、ほかのリグでも使うソフトベイトと兼用なので、このミニバッカンひとつを持って行けばジグの釣りはひと通りこなすことができる

細やかな配慮の「積み重ね」が釣果に「圧倒的な差」を生む

釣りにおいて重要なのは、場所・技術・道具の3つとされています。イイ場所で上手なアングラーが釣りをしても、道具が合っていなければ釣果は伸びない。道具と技術がバッチリでも、魚がいない場所では当然釣れない。魚がたくさんいる場所でそこに合った道具を持っていても、技術が足りなければやはり釣れない。3つの要素はどれが欠けてもダメなんです。

場所・技術・道具の3つとなると、考えることが多すぎるように思われるかもしれませんが、それぞれにコツというか要点があって、それらを守っていれば釣れる、というのが僕の考えです。ただし、要点というのは水辺に立ってからの話ではなく、それ以前のこと、一例を挙げれば「半ドア」もそうですし、もっと言えば「収納」などの自宅でやれることにも釣るために大事なことはたくさんあります。

「半ドア」は、釣れるかもしれなかったバスを、キャストする前に絶対に釣れないバスに変えてしまわないための配慮で、「収納」にこだわるのは優れたルアーの性能を生かしきるための配慮です。こういう部分にこれまで無意識だったアングラーは、本書をご覧いただくことで釣果が一気に伸びる可能性があると思います。皆さんに実践されてしまうと僕に釣れるバスが本当にいなくなっちゃうんじゃないかという心配はありますが……、僕ほど釣りに関して細かいニンゲンはそうそういないだろうという自信もあるので、包み隠さず思いつくかぎりのことを公開したいと思います。細かすぎてコレは自分だけのこだわりかなァという部分もあるんですけど、僕が「裏の核心部」と考えていることにも本書では触れています。

ダイワ
タイトフィット
フィッシングブーツ

シューレースによってタイトな履き心地を実現。防水性と歩きやすさを兼ね備えている

「不意打ち」を哲学する

バスは本来、エサを食いたいし、好奇心も旺盛な魚なんです。けれど、アングラーにルアーで騙されているうちに学習して警戒心を深めて、釣りにくくなっていく。現在の釣り場はどこもそうです。ならば、テクニックやルアーがどうこうの前に考えるべき現代のバスフィッシング（とくにオカッパリ）の本質は、釣りを難しくしている要素を排除すること。そうすることでバス本来のルアーに対するアグレッシブな反応を引き出せれば、意外なほど簡単に釣れてくれることが多々あります。

「バスは不意打ちに弱い」。ルアーを見たことがないバスは、ほとんどすべてのルアーに騙されます。それはルアー＝危険物という認識がないから。つまり不意打ちです。いかにバスの認識や意識の外で勝負するか。常にアングラーがいる人気釣り場で、足音やルアーの着水音を抑えるのも、水中に自分の陰を落とさないのも、バスに身構えさせてしまって、釣りを難しくしないためです。

僕の釣りは性格が悪いです。「不意打ち」とか「出し抜く」とか、そんなことばかり考えて釣りをしています。バスの反応はもちろん、ほかのアングラーだったらこのスポットをどうねらうだろうか、ということも考慮しています。簡単にいえば僕は、同じスポットをねらうにしても、ほかのアングラーと同じ立ち位置からキャストして同じコースでルアーを引きたくない。不意打ちでバスにルアーを食わせるには、バスの習慣性や学習力を逆手にとるのもひとつの手。標準的なアングラーを出し抜くことが、バスの不意を打つことに繋がると考えます。

カバーを外から撃つのが「普通のねらい方」だが、よさそうなカバーはオカッパリだけでなくボートからも同じようにねらわれる。そこにいるバスは「ルアーの着水音」をよく知っている

ぬかるみへ一歩踏み込める足もとの備えをするだけで、多くのアングラーとルアーの着水点やトレースコースが違ってくる。それだけで反応する魚の数が違ってくると川村は言う

自らカバーに潜り込んで釣った。カバーを内側から観察して、至近距離からスポットをねらい撃つ。精度が高まるうえに、着水音をほぼ完璧に抑えることができる

優れたクランクベイトやシャッドの「ハイピッチ」論

よく釣れるルアーや昔からずーっとボックスに入っている（釣れ続けている）ルアーは、水槽でアクションを見ると何かしら納得できるよさがあることに気づきます。逆に、そういう見た目のアクションから離れて物事を語ってしまうと、魔法とか神とか悪魔の話になってきてしまう。釣れる理由は解明したいし、理解したうえで使ったほうがもっと釣れます。

一例として、優れたクランクベイトのアクションを表現する言葉として「ハイピッチ」があります。でも、どんなクランクもゆっくり引けば手もとに伝わる振動のピッチは落ちるけれど、それでもしぶとく動いてくれるクランクのほうがバスに見切られずに誘ってくれる。

そのうえで、「ゆっくり引いたときも速く複雑に動いているように見えるアクション」がバスを惹きつけるハイピッチなんじゃないかなと。例えばワイルドハンチ（エバーグリーン）はまさにそうで、フィールドで動きを見るとそれほどハイピッチには感じなかったのが、水槽で横からアクションを見ると想像以上に目まぐるしく動いていた。ウォブルとロールの割合が5：5くらいで、こういうクランクは、実際のピッチ速度以上に速く複雑に動いているように見える。もっと言えば、よく見るとウォブルの支点はボディーの中心にあるけれど、ウォブルとロールとの絶妙な混じり具合によって、アクション軸がブレて見える動きが好みです。そういうルアーはどの角度から見ても泳ぎがやわらかで複雑に見えるんです。スピードトラップ（ルーハージェンセン）やシャッドラップ（ラパラ）はため息が出るほど素晴らしい！　泳ぐ姿勢が魚のように水平に近くて自然に見えるのも共通です。

早春の水路でタイニーブリッツDRでキャッチ。オカッパリに限定すると、サイズ的に出番が多いのはブリッツ（O.S.P）ならタイニーシリーズ、RTO（ラッキークラフト）なら1.0や0.7など小型の物だ

さまざまなメーカーが次々と新しいルアーを生み出していく一方で、星の数ほど生まれてきたルアーの中で生き残っている物がある理由は、そのルアーがよく釣れるからにほかなりません。バスが好む本質を備えている。だからこそ、ワイルドハンチやシャッドラップ、スピードトラップは凄いなァと。

ところが、スピードトラップやシャッドラップは作られた年代によってアクションが若干異なったり、好きだったカラーが廃盤になってしまったりで、気がついたときには入手困難になっていることも。この手の話は長い年月に渡って製造・販売され続けている名作に限ってありがちなことではあるのですが……、何が言いたいのかといいますと、バスという魚は新しい動きやリグによる「ルアーパワー」に激しく反応することもある一方で、バスが好む本質を突いたルアーであれば昔からある物でもその効果が失われずに釣れ続く。そのへんもルアー選びの面白く奥深いところであり、ルアーを開発するうえでは、そのどちらも追求していきたいと思うわけです。

スピードトラップ（オールド／ルーハージェンセン）
かつて草深幸範と組んでW.B.S.スーパースリーデイズを制したとき、キッカーとなった2kgフィッシュとラストの2投連続ヒットをもたらした現物。パケに記された「SPEED KILLS!」のキャッチどおり高速巻きでもバランスを崩さないが、実はスローリトリーブでも優秀

ワイルドハンチ（エバーグリーン）
よく釣れると評判ながら、どこが優れているのかピンときていなかったルアー。水槽で横からアクションを見て納得。自然な水平姿勢で泳ぎ、アクションは大きくないが絶妙にロールと入り混じって複雑に見える。アピール力と食わせの能力を持ったクランクベイト

シャッドラップSR-7（ラパラ）
愛用歴は30年以上。水平姿勢で泳ぎ、ウォブルとロールが絶妙に入り混じるナチュラルアクションはまさに名作。かつては軽く投げにくいと言われたが、ベイトリールの進化により快適に扱える。表層を泳ぐSSRもほかで代用が利かないモデルで、溺愛している

MUTT（W.E.C.）
浮力のあるバルサボディーと薄い基板リップにより、低速で引いたときのレスポンスが素晴らしい。小ぶりながらもキレのあるウォブ&ロールによるアクションと複雑な色調変化でバスを惹きつける力が強い。中層を泳がせ、下から食い上げさせる

BOTTOM UP!

名作が備える3つの要素

僕が考える優れたクランクベイトの条件のひとつが［ウォブル5：ロール5］のバランスで、上から見ると動きの支点がブレてわかりにくくもボディーの中央にある物。この比率でウォブルとロールがミックスされていることで見た目のアクションに現われるのが、［上下方向から見ても、横方向から見ても、よく動いているように見える］という特徴です。この動きが低速でも現われるクランクベイトは意外なほど少ない。しかもパッと見て、魚っぽい!!　なまめかしい!!　と思えるような［水平姿勢で泳ぐ］物となると、かなり稀。さらにそのなかでも［低速〜高速まで対応］するクランクベイトは永久不滅の名作だと思います。

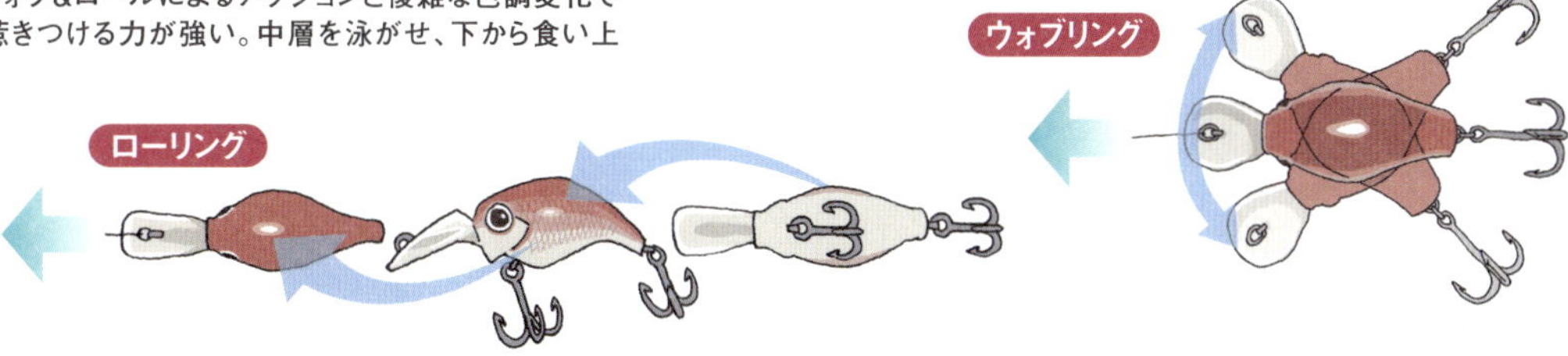

ブレード＝スピナーベイトのエンジン

ハイピッチャー、Dゾーン、クリスタルSは、それぞれに優れている部分があって、まずハイピッチャーはブレードが素晴らしい。あのブレードがスペシャルなのは、厚めなのに高速で回ること。ブレードは薄く軽いほうが回転レスポンスには有利な条件ですが、水を掻き動かす力は弱くなる。ハイピッチャーのブレードは比較的厚めなのにもかかわらず高速回転するので、パワフルさが違います。また、高速で回ることはスローリトリーブでもバスに見切られにくく、スローロールでのバイト誘発力も高いです。

Dゾーンもブレードが大きく回ってパワフルにアピールするのですが、細く独特な形状のアームがクッションとなってスカートをナチュラルになびかせてくれる。強さと食わせを高次元で両立しているのが釣れる理由だと思います。

クリスタルSもブレードはパワフル。広角に回転して水を強く掻き動かし、フラット面の広いブレードはフラッシングも強い。しなやかな細めアームによくなびくプロファイ

オカッパリとボートでテストを繰り返してきたビーブル。フィッシュライクなタイトウィグルは、アングラーの目に新しいだけでなく、バスも魅了。スピナーベイトが本来的に備えているリアクション効果に、食わせが利くナチュラルさをプラス。やや重めの引き抵抗はマッディーウォーターでの存在感も充分

ビーブル 3/8oz（ボトムアップ）

写真の状態は、ビーブルが泳いでいるときの姿勢を横から見たときのもの。スピナーベイトは、ヘッドが立ち泳ぎすると小魚が泳ぐ姿勢とかけ離れてしまうし、フックがスカートからはみ出やすい。では、完全に水平姿勢で泳げばイイのかというと、それもラインに引かれる角度とハリ先の向きとのズレが大きくなってしまって、やはりフックアップしにくくなる。食わせの利くナチュラルな姿勢と、フッキング性能を両立してくれるのが、この写真のようなスイム姿勢だ。スカートの長さと質感（張り）にもこだわり、リトリーブ中はメインフックが完全にスカートの中に隠れる。アシストフックを付けた場合も、その存在をボカしてくれる

シャローレンジのスレた見えバスに対して最終手段ともいえるのが、スピナーベイトによるサイトフィッシング。「ブレードを回しながらカーブスローロールでバスの口先を通す」このテクニックにおいて、重要なのがブレードの回転レスポンス。その性能に秀でているので、ハイピッチャーを長年愛用してきた

ンスカートの採用など、20年以上も前から現在に通じる先進性を備えていたルアーです。また、ダブルコロラドのシャローロールもほかで代用が利かない大好きなモデル。強いバイブレーションとスローに特化した性能は、濁ったシャローで最高のスピナーベイトです。

そしてビーブル（ボトムアップ）には「スプリッター」という正面から水を受けるパーツをアッパーアームとロワーアームをまたぐようにセットしました。これはスピナーベイトに「横揺れ」を発生させるためのもので、まるで小魚が身震いしながら泳ぐようにスカートを躍動させます。これまで「縦揺れ」を起こすスピナーベイトはありましたが、本来の魚の動きは左右に身を震わせる。この違い、ヒトの目には一目瞭然なのですが、肝心なバスの反応も良好で、テストではクリアウォーターでもマッディーウォーターでもよく釣れています。強い刺激で反射的に反応させてしまう強さにはこだわりましたが、ナチュラルな動きの質での強さなのでフィールドを選ばない。水中姿勢にもこだわり、水平に近くフックがスカートの中に完全に隠れること。そのうえで針先が適度に上を向くことで、ナチュラルさとフッキングのよさを両立しています。

BOTTOM UP!

ブレードは［ゴールド］［ガンメタ］［ペイント］の3色を揃えたい

ゴールドブレードはマッディーウォーターの定番。クリアウォーターではあまり使わないけれど、曇天雨天、マヅメなどのローライトでは出番があります。

ペイントブレードは出番こそ少ないけれど、キツい濁りが入ったときや、極端なローライトコンディションなど、反射すべき太陽光がなくてブレード自体の発色に頼りたい状況では明らかに効果があります。チャートブレードやピンクのような派手な色がいいですね。

そしてガンメタブレード。クリアウォーターや晴天時、そしてサイトフィッシングでは、僕はシルバーを通り越してガンメタを使います。ピカピカのシルバーはゴールドに特徴が近いので、僕にとってはなくてもいい。それよりはガンメタまで一気にフラッシングを抑えた地味なタイプのほうが絶対に必要です。

ただし、前後のブレードがシルバーとゴールドの組み合わせは水質を問わずオールマイティーに使えます。また、シルバーのなかでもコレは特別!と思うのがデプスさんのシルバーブレード。白っぽいマット調のシルバーなんですけど、あれならゴールドとガンメタの間を埋めるカラーになってくれます。

ゴールドがメインだが、ハイプレッシャーやサイトで明らかな違いを感じるのがガンメタだ

クリスタルS（オールド／ノリーズ）

日本のスピナーベイトの金字塔。かつてラインナップされていたこのホワイトチャートのペイントブレードは濁りやローライトーに効いた。手もとにこの1個しか残っていない宝物

ファットイカ（GYCB）

リングイット（ラッキーストライク）

G3チューブ（ラッキーストライク）

ビッグボーイチューブ 4in（ミズモ）

水流をアクションに変換するか、水流を受け止めて押すか

　とくにソフトベイトに関しては、以前はアクションに執着していましたが、今はそこに加えて水押しの強さやその方向にも着目してルアーを選んだり開発したりしています。極端にいえば、ワームの可動部を薄くしたり素材を軟らかくしたほうが容易くよく動くけれど、水押しは弱くなる。逆に分厚くて硬いモノは動きにくいけれど、水を強く押す。水の透明度などによって有効なアピール力は違ってきますが、見た目のアクションと水押しはルアーの両輪です。

　ソフトベイトに関してはノーシンカーでフリーフォールさせたときにその性能を実感しやすい。例えばヤマセンコーやドライブスティック、そしてテールをカットしてワッキー掛けにしたときのブレーバーなどは、シェイプと素材（比重と軟らかさ）のバランスがマッチして、生きているかのごとく自発的に動きます。

　そしてソフトベイトといえばリグとセットですが、僕がこれまでバスフィッシングを続けてきたなかで、「明らかにルアーパワーで釣れている！」と衝撃を受けた組み合わせがいくつかありました。遡れば、スモラバの元祖であるハンハンジグ（常吉）＋スタッド4in（ギャンブラー）でマイクロピッチシェイクを始めた当初は、そこにいるバスを本当に根こそぎ釣っている感覚がありました。

　その後も、数え切れないほどの「落ちパク」を体験できたドライブクロー3in（O.S.P）のテキサスリグ。W.B.S.スーパースリーデイズをウエイト記録更新で勝たせてくれたドライブスティック6in（4.5inに寸詰め／O.S.P）のバックスライドセッティング。カバーの中まで攻め切るために考案したスナッグレスネコリグもエグい釣れ方をしたし、フォール中にも誘うためにブレーバ

カバーの中で食わせが利いて、根掛かりもストレスも少ないスナッグレスネコ（初出は『Basser』2011年12月号）。こんなリグがまた思いつかないかなァ

ミニチュー（サターン）

ミディアムパドル（カリフォルニアワーム）

スタッド 4in（ギャンブラー）

T.D.ソルティースラッガー（ダイワ）

デスアダー 6in（デプス）

ボディーシャッド（ロボワーム）

PDLリトルイングリー（ティムコ）

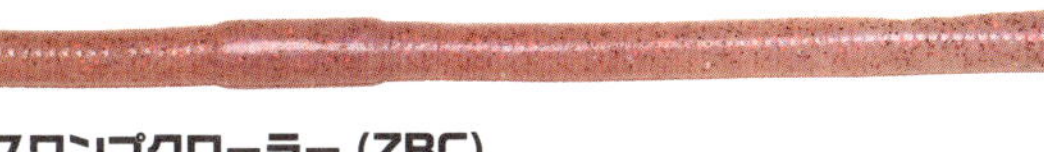

スワンプクローラー（ZBC）

バンピーワーム（メガバス）

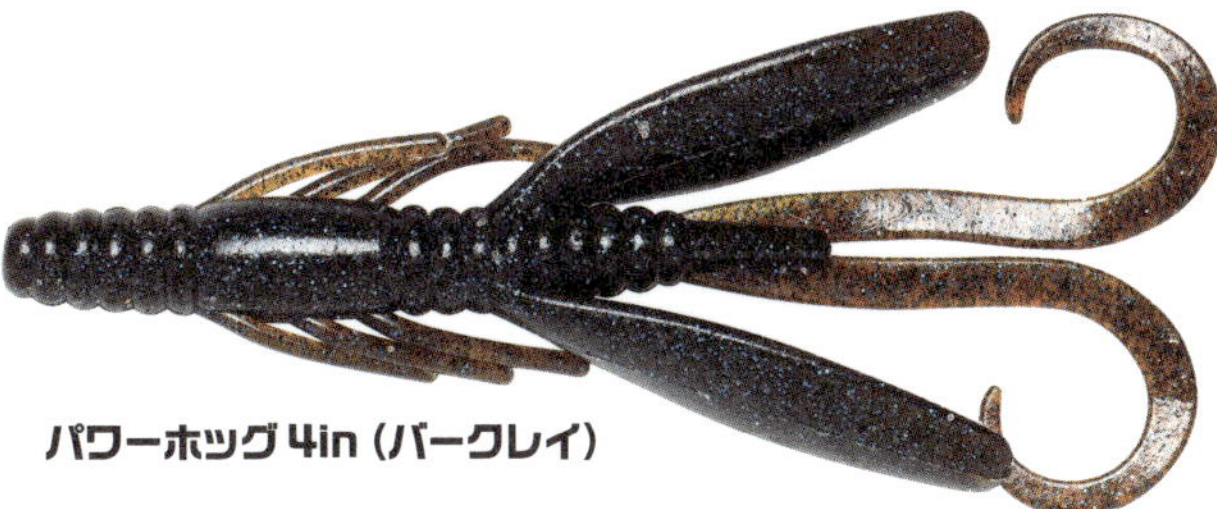

パワーホッグ 4in（バークレイ）

パワーバルキーホッグ 3in（バークレイ）

ロッククロー 3in（エコギア）

ブレーバー 5.7in（ボトムアップ）

ー5.7in（ボトムアップ）を開発しました。

ここに掲載したソフトベイトは、現役のものと思い出のルアーとして保管しているものとが混ざっていますが、どれも爆釣を体験させてくれたアイテムばかり。こうして見るとハンドポワード系やチューブ系が多いのは、かつてジグヘッドやスプリットショット、ダウンショットリグなど、ソフトベイトの水中姿勢やナチュラルな漂い方にこだわって釣っていた時期があったからです。

優れたソフトベイトは、その特徴にマッチしたリグとの相乗効果によって、時として自分のバスフィッシング観を覆すような釣れ方をする可能性を秘めています。そう簡単に思いつけるものではありませんけれど……、また何かないかなァと考える日々です。

釣果を伸ばすために 持ち歩くタックルは1セットが理想

『PRIDE of STEEZ』（2017年発刊のつり人社ムック）で大森貴洋さんの記事「ミニマリスト」を読んで、自分といっしょにしたら大森さんに失礼ですけど、僕の理想もまさにアレです。余分なモノは持ち歩きたくないっていう。釣果に関係ないモノを持たず、身軽にして身体への負担は少なく、動きやすくありたい。ただし、現場で必要なルアーがなかったりするのはイヤだから、オカッパリバッグに詰めるルアーは釣行ごとに吟味しています。とはいっても、予想で選んだルアーのタイプやカラーが実際に釣りをしてみるとハズしていたり、新たな閃きも当然あったりするので、車にはハードもソフトもメインボックスを積んでおいて、しっかり対応できるようにしています。ベストと思うルアーを投入できることがなにより大切ですからね！　メインボックスの中身は、長年複数個常備している定番から、お試し中の物まで。気になるルアーはとりあえず買ってまずは水槽で泳がせるのが習慣ですが、動きを見て「釣れそう！」と唸る物もあれば、ボックスに入らない物もあります。このボックスを開けない日はないくらい。僕の宝箱みたいなものです。

道具を絞り込む重要性についてはロッドとリールについても感じています。けれど、以前は汎用性が高くなるようにタックルを組んでも、どうしても持ち歩くタックルを2セットから減らせなかった。それが、1セットでも飛躍的にいろいろなことができるようになったのは、ダイワリールの進化があったから。具体的にいえば、SV（ストレスフリーバーサタイル）コンセプトのリールが出てきたからです。SV機は、軽量級ルアーに対してはAIR（ベイトフィネス）機の領域の一歩手前まで踏み込むほどの高性能を発揮します。そして、そうでありながら中・重量級にも対応するキャスタビリティーと充分なイト巻き量を確保している。そんなSV機を得て、ロッドセレクトも変わりました。

ロッドやラインの太さで迷ったら、硬め太めを選びます。オカッパリでは「無理が利く」ことが大事。魚がカバーに巻かれてもボートのようにこちらから迎えに行くことができないし、足場が高ければ抜き上げなければならない。タックルは少し強めに組んでおいたほうが幅広いルアーに対応できる。SV以前は、ベイトタックルでネコリグやスモラバのような軽量ルアーをキャストするときにはベイトフィネス専用リールが必要で、そのタックルで中・重量級ルアーを扱うにはイト巻き量や強度が心配でした。兼用できないのでタックルが1セット増えていたんです。タックルは2セットでも3セットでも持ち歩けますけれど、1回のキャストに使うのは当然ながらワンタックルだけ。ロッドホルダーやベルトなどに刺して携帯することもできますが、それでもラインが何かに引っ掛かったりロッドを擦ったりとわずらわしいので、置いておくことも多々。そのまま釣り進めばタックルを後方に置き去りにすることになります。最後には取りに戻らなければならなりませんが……、そ

その時その場で使いたいルアーに対して最大公約数的なワンセットを組むことができれば、機動力は飛躍的に向上する。たとえばスピニングタックルにしても、PEラインの使用を選択肢に入れることで用途は一気に広がる

単調な水路は「タックル1セット」のメリットが生きる典型的エリア。釣り方を絞り込んでテンポよく釣り進むことでバスとの出会いが増える

01
ライトバーサタイル用
ロッド:スティーズ681MLFS-SVキング
リール:イグジスト2505F(15モデル)
ライン:スティーズフロロ・タイプフィネス4〜5Lb
／PE0.6〜0.8号

02
ベイトフィネス用
ロッド:スティーズ661MFB-SVウェアウルフ
リール:SS AIR L／SLP WORKS
シャッドチューン(ギア比6.3:1)
ライン: スティーズフロロ・タイプフィネス10Lb

03
クランキング用
ロッド:ブラックレーベルプラス661MLFB-G
リール:スティーズSV TW6.3L(RCSスプールに換装)
ライン:スティーズフロロ・タイプフィネス10Lb
／タイプモンスター12Lb

04
バーサタイル用
ロッド:スティーズSC6111M/MHRBファイアウルフ
リール:スティーズSV TW6.3L(SLP WORKSセミオーダー)
(RCSスプールに換装)
ライン:スティーズフロロ・タイプモンスター12Lb

05
ヘビーバーサタイル用
ロッド:スティーズSC6111HSBキングバイパー
リール:スティーズSV TW7.1L
ライン:スティーズフロロ・タイプモンスター16Lb

[2017年現在の5セット]

バーサタイル系3セットに、専用性の高いベイトフィネス用とクランキング用を加えた計5セット。リールやラインは表記しているものを基準に若干変更することはあるが、そうした微調整によってやりたいことのほとんどをカバーすることができる。クランキング用のグラス・カーボンコンポジットロッドは汎用性が大幅に犠牲になる。しかし、クランクベイトに代表されるトレブルフックの巻きモノでのキャッチ率を高めるには、どうしても外せない。

のまま忘れて移動してしまって、慌てて探しに戻ったことも1回や2回ではありません。

そんな僕にとって、SVスプールはうってつけでした。ベイトフィネス専用リールでなくとも軽量級ルアーのキャスティングが可能になり、軽く回るのにピーキーでなくバックラッシュしにくいのもイイ。1本のロッドで扱えるルアーの幅がぐんと広がったんです。

岸釣りの競技仕様ロッドということで開発を担当させてもらったショアコンペティションシリーズの第1弾、スティーズ・ファイアウルフは、SV機と合わせることでオカッパリにおける現実的なベイトフィネスから1oz程度の中・重量級ルアー、カバー撃ちにも対応します。そして第2弾のキングバイパーは、ヘビーバーサタイルと銘打っています。パワフルなのに軽くて高感度。スローテーパーにすることで粘り強さと高い汎用性を備えています。軽いほうは3.5g程度のライトテキサスから、重いほうは100gクラスのビッグベイトにも対応。PEラインと組んでのフロッグにも相性抜群です。

本当にワンタックルだけで何もかも……、というのはさすがに無理ですが、ロッド1本1本に高い汎用性を持たせることで、「この5本があれば、あらゆる釣りに対応できる」という構想はできています。

僕のオカッパリにおいて、機動力は釣果に直結する要素です。

絶対に勝てない相手

20年前の自分と今の自分が、当時と今の霞ヶ浦で釣果を競ったら、今の僕は高校生のころの自分に絶対に釣り勝てない。経験も技術も道具も向上しているのに、です。単純に言えば、昔の霞ヶ浦のほうがバスの個体数が多くて、スレてもいなくて、よく釣れていたからなのですが、ここにはひとつの真理があると思います。釣りはフィールドと魚しだいだということ。フィールドと魚が、常にアングラーよりも上位の存在だということです。

実際、釣りをしていて、バスがアングラーを下に見ているなと感じることがあります。わかりやすい例がサイトフィッシング。「お前がそのルアーで何をしたいのか知ってるよ」。そう言っているようなバスの反応を目にすることが多々あります。バスをなめちゃいけない。バスにとって釣られるということがどういうことかを考えれば、アングラーも全力を尽くさないと釣れません。

釣るために効果がありそうだと思いついたことがあるとします。それは、もしかしたら効果がないかもしれない。けれど、少なくともマイナスには作用しないだろうというような、そんな程度の思いつきであっても、僕は思いついたら実践せずにはいられない性分なんです。そういう「ちょっとちょっとの積み重ね」を手間を惜しまずにやっていること。僕が胸を張れるのはそこです。

川村光大郎
バスフィッシング・ボトムアップアプローチ

CONTENTS

BOOKデザイン◎竹本晴彦　イラスト◎にとあおい

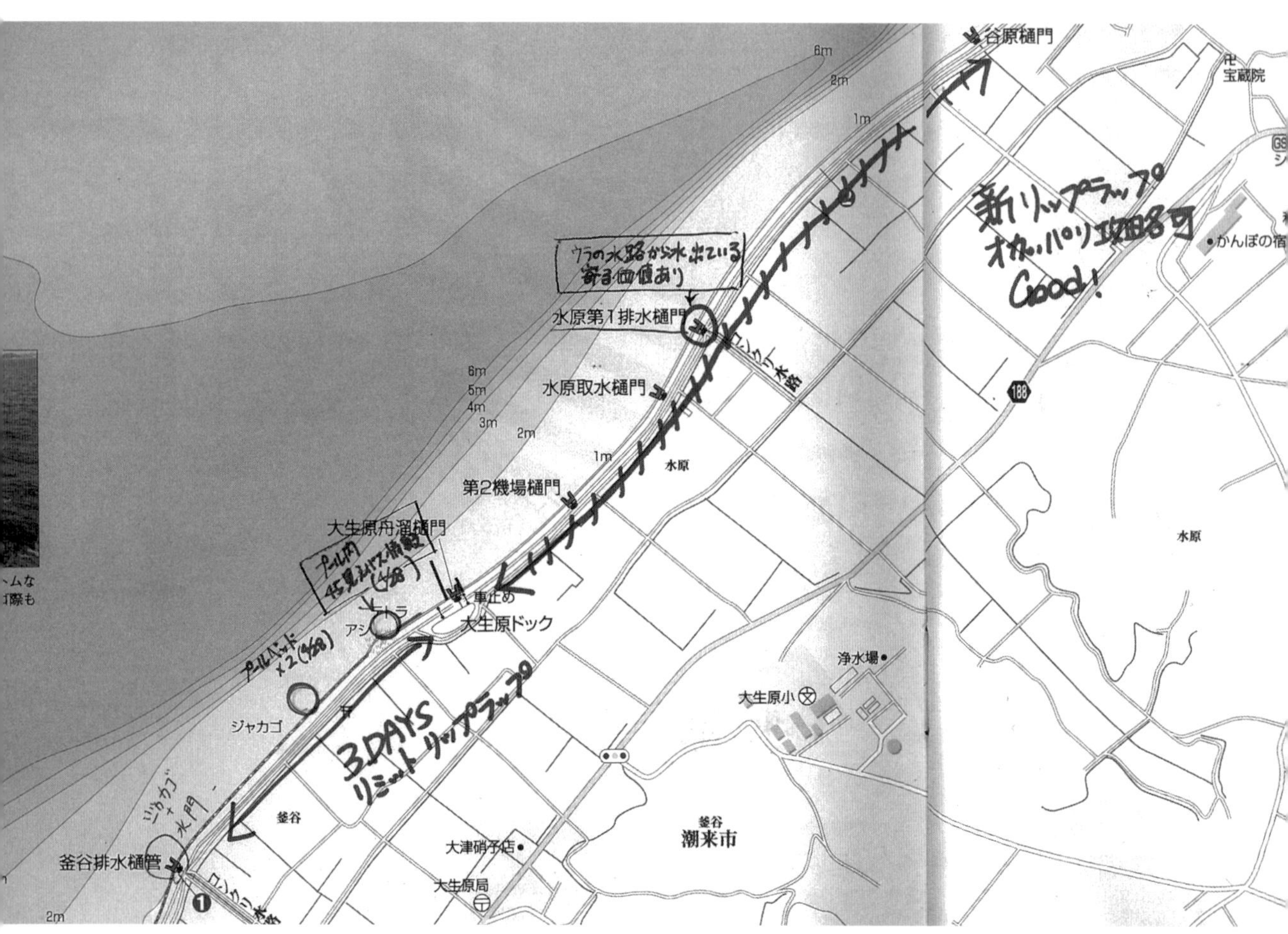
谷原樋門
宝蔵院
新リップラップ
オカッパリ攻略可
Good!
かんぽの宿
ウラの水路から水出ている
寄る価値あり
水原第1排水樋門
水原取水樋門
第2機場樋門
水原
大生原舟溜樋門
プール内
45見えバス捕獲
車止め
大生原ドック
アシ
テトラ
ジャカゴ
3DAYS
リミットリップラップ
浄水場
大生原小
釜谷
釜谷
潮来市
大津硝子店
大生原局
釜谷排水樋管
6m
5m
4m
3m
2m
1m

第1章　場所と情報論

バスフィッシングに限らず、釣りにおける重要性は
〔一に場所、二に技術、三に道具〕とされる。
まずは、どこを釣るか。本書は釣り場ガイドブックではないので、
本章では具体的にここがイイといった情報を掲載するわけではない。
そうした、いつ有効なのかわからない場所の情報ではなく
常日頃の川村光大郎がどういった目線でエリアを選択しているのか。
明日の釣行で〔自分でエリアを決める〕ための道筋を紹介しよう。

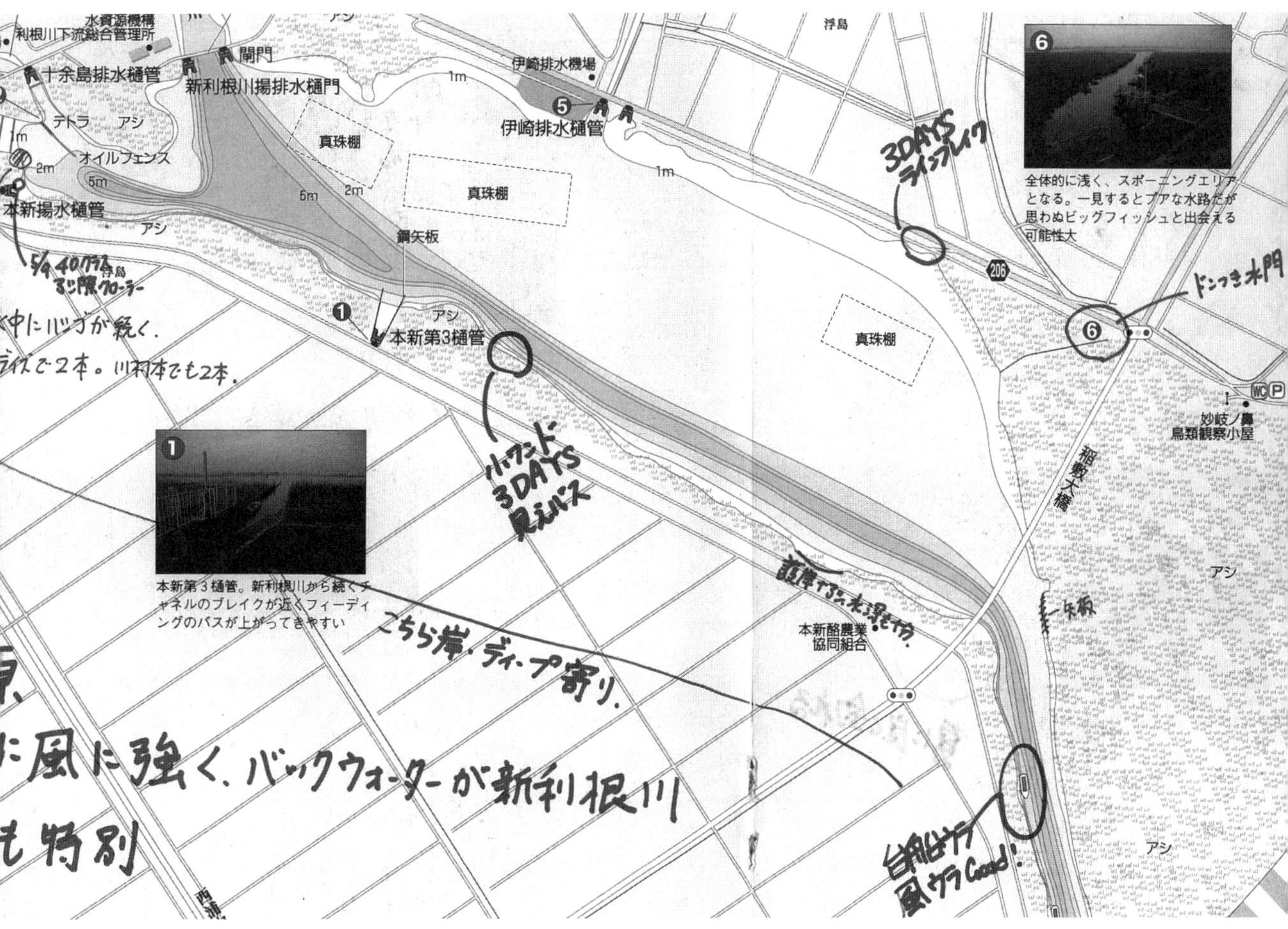

［航空写真を活用］して、イイ場所でわかりやすい変化を釣る

釣ることが難しくなってきている昨今のフィールドですが、それでもバスは教科書どおりの場所にちゃんといるものです。

たとえば、コンクリート護岸が延々と続くストレッチに、ポツンと存在するブッシュやレイダウン（倒木）。バスがつくならココしかないと思われるそうしたカバーは、意外と見かけ倒しで釣れないという話を耳にすることがある。けれど実際には、けっこうな確率でバスはいます。でも、釣りにくいのは事実。パッと見てよさそうなスポットは誰もがねらいますから。

それでも僕は、「ここは人気の場所だから」「ハイプレッシャーだから」という理由で、よさそうな場所をあえて外すことはしません。場所のクオリティーが低い場所で釣りをすると、魚のサイズが小さかったり、数が少なかったり、全くいなかったりするからです。ざっくりした例になりますが、かつてどのフィールドにもバスがたくさんいたころは、C級やD級、E級のエリアにまでバスがいたかもしれない。けれど個体数が減った今では、A級やB級のエリアにしかバスがいないフィールドがたくさんあります。こうなると、プレッシャーを考慮して人気エリアを避けたつもりが、バスまで避けてしまっていることになります。

だから僕はやっぱり自分が一番イイと思える場所で釣りがしたい。とはいえ、魚探をかけないとわからないような水中の変化までは、ホームの霞ヶ浦水系であってもほとんど知りません。せいぜいが偏光グラス越しにうっすら見える沈みモノをねらうくらいです。取材などで遠征もしますが、初見のフィールドでは完全に見える変化だけで釣っています。川の最上流やドン突き、鋭角なベンド（川筋が大きく曲がっている区間）、魚止めになる堰の直下、橋の下のシェード、際立って沖まで張り出しているブッシュ、水が出ている水門、コンクリート護岸とナチュラルバンクの切り替わり、そういうひと目でわかる、際立った変化だけをねらっています。

初場所でオカッパリをする際にフル活用しているのがGoogleマップの航空写真。コレをA4サイズでプリントアウトして次のように使っています。

① プリントアウトする縮尺は釣り場によって異なる。「フィールドの全体像が把握できつつ、あとで細かい情報を書き込める縮尺」が好み。紙の枚数が多くなりすぎても使い勝手が悪い。カーナビやスマホの地図アプリでは画面が小さいため、拡大して見るとフィールドを捉える視野が狭くなってしまう。また、現地でパパッと情報を書き加えるにも紙とペンのほうが手っ取り早い。

② 「ここは必ずチェックすると決めた場所」をざっくりと赤丸で囲む。これは、川のベンドや湖の幅が狭くなっているところなど、重要な場所を漏らさずチェックするための準備。そうした大きな変化は、複数尾のバスが行動の拠点にしている可能性がある。拠点というのが大事。そこにある細かな変化で釣れるかもしれないし、魚の動きを追うことで釣れるかもしれない。

③ 赤丸をつけた場所をパソコンの画面で拡大して見て、得られる情報は紙に落とし込んでおく。ブッシュや杭まではよくわからないことが多いけれど、ナチュラルバンクや消波ブロック帯、シャローフラット、水中堤防といった際立った変化は確認することができる。それらを現場で探そうとしたときに掛かる時間と労力を考えると、出発前にここまでやっておく効果は絶大!!

④ 手製のマップを手に現地でチェック。赤丸をつけたところへ実際に行って、目で見て釣りをして、情報を書き加えていく。

湖岸線に沿って車で走れる釣り場では、運転席が湖側になる向きで回る。僕の車は右ハンドルなので、右回り（時計回り）が基本。もちろん脇見運転は厳禁。気になるところは停車して見る。往来の妨げにならない駐車スペースがあれば、車を降りて確認するし、釣りもしながら細かい情報を拾っていく。水面下に杭が立ってる、とか。そのときに釣れなかったとしてもタイミングの問題だったりするので、イイ障害物や地形変化などの「書き込む価値があること」はどんどん書き込んでいく。逆に、マイナス要素は書かない。ここはイマイチとか、そんなことまで書くとマップ上の文字が多くなって、イイ情報が埋もれてしまう。

一番価値があるのは、バスを釣った、バスが見えた、ほかのアングラーが釣っている場面に遭遇した、などの絶対確実な情報です。そのときは「日付を書く」ようにしています。何月何日、何バイト、おおよそのサイズも書く。日付を書いておくのは、その時期にそこにバスがいたという情報は、翌年以降も役に立つからです。

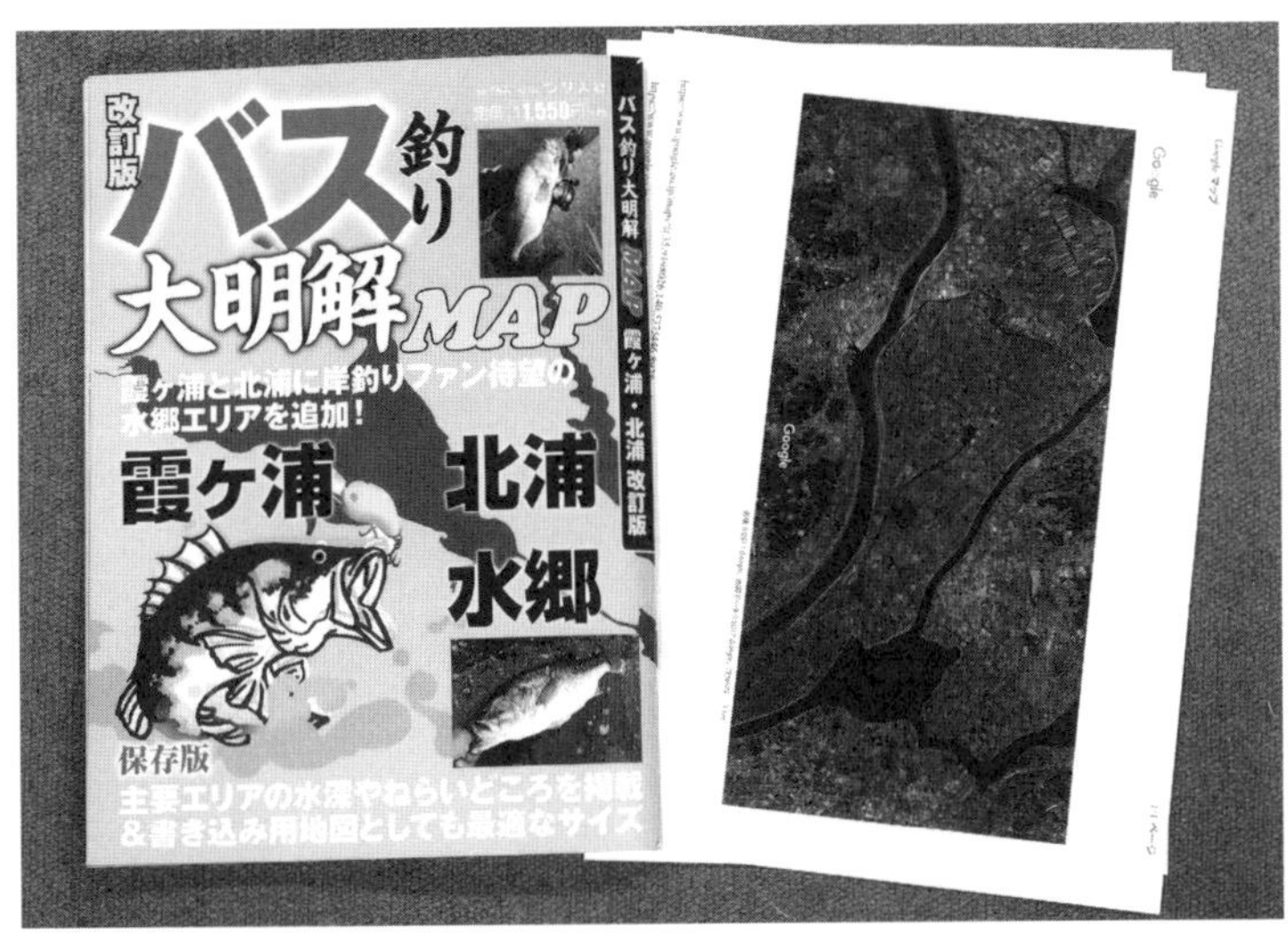

Googleマップの航空写真をA4サイズにプリントアウトして、事前に気になるエリアにチェックを入れておく。メジャーな釣り場であればマップ本が発売されているかもしれない。入手できれば釣行データの書き込み用として超便利だ。また「ウォッちず」で検索すれば、一部の天然湖については等深線入りの湖沼図を無料で見ることができる

用意したマップと照らし合わせながら、「ここは見ておこう」と決めた場所には必ず行ってみる

この規模のレイダウンなら、Googleマップの航空写真を拡大して見ると確認することができる。ほかにも消波ブロック帯や石積み、水門、水中堤防なども調べることができてしまえる

［実体験］こそが自分の役に立つ情報

釣り場の最寄り釣具店に問い合わせたり、友人に聞いたり、ネットで調べたりと、現地へ行かなくても釣果に関する情報を得る手段はあります。けれど僕は、イイ釣りをするためにはそうした情報はジャマとさえ思っています。その情報はあくまでも過去のものですし、共有する人が多いほどアングラーが集中してむしろ釣れない状況に自ら突っ込んでしまう可能性が高まるからです。ただし、ごく近しい釣り仲間からの情報は参考にしています。

ごく限られた例外を除いて、情報は見ようとも聞こうともしません。たとえばその情報の価値にA、B、Cとランク付けするとしたら、それができるのは自分しかいない。「どこそこで50cmが1尾」という同じ釣果であっても、普段からそのサイズをたくさん釣っている人は控えめに言うでしょうし、逆に初めて50cmを釣った人にとっては爆釣体験にもなり得る。それが本当か嘘かという話ではありません。［人から聞く情報の価値には基準がない］ということです。仮に情報がきっちり伝わったとしても、釣りのスタイルは人それぞれだから、釣れるかどうかわからないし、実績が高い場所であっても、行ってみたらここは自分には合わないな、釣れる気がしないな、と感じることもあります。

それに、見聞きした情報のとおりに釣りをしたら、よくても誰かの二番煎じです。ネットなどの多くの人が見ることのできる情報だったら、三番煎じ、四番煎じ……、と価値は下がる一方です。なかには昔話もあるかもしれない。そうなると再現性はゼロに等しいのに、知ってしまったら左右されてしまう。少なくとも意識の片隅には引っ掛ってしまいます。なら僕は、知らないほうがイイ。知りたくないです。

実際には十番煎じだろうと百番煎じだろうと、そうと知らずに自分の知識や感覚に従って選んだ場所やタイミングなら、高い集中力と工夫によって釣れるかもしれない。ところが余計な情報を入れると、同じ場所に行っても「どうせ何日前の情報だしなァ……」と思ってしまう。そんなノリでは釣れるものも釣れなくなります。

自分に有益な情報は実体験です。現地の水辺に立ったとき、感性に合う、ピピッときた場所が自分にとっての釣れる場所です。そういう雰囲気は、僕も経験を重ねてわかるようになってきました。よく釣る人というのは、自分に合う場所や自分に合うルアーをわかっている。そういう［自分のバスを相手にできる人］は、どの釣り場へ行ってもよく釣ります。

先入観がなかったおかげでイイ釣りができたことは何度もありま

オリキン（折金一樹さん）との釣行を終えて、晩ご飯を食べながら反省会。高校生のころからかれこれ20年以上こんなことを続けている。一艇同船でマッチプレーしたことも数知れず。性格も含めてお互いを知り尽くしている間柄

すが、一例として2004年のクリスマスに開催された「第1回オカッパリオールスタークラシック」が挙げられます。今からもう13年も前のことになりますが、あの当時の僕は霞ヶ浦水系でオカッパリをしていたとはいえ、足繁く通っていたのはごく一部のエリア（霞ヶ浦北西部の土浦界隈）で、その他のエリアにはまったく詳しくありませんでした。ところがオカッパリオールスターの競技エリアは利根川を含む「その他」のほうだったので、3日間下見をすることに。

そのとき初めて黒部川（利根川の支流）へ行き、結果的に優勝することができたエリアを探し当てたのですが、競技を終えたあとの座談会でほかのアングラーの方に教えていただいて初めて、僕が釣っていたエリアがかつて脚光を浴びたことがあったのを知りました。「まさか今でもそんなに釣れるとは……」というニュアンスだったので、忘れられた過去のメジャーエリアだったのでしょう。

この話を下見の前に聞いてしまっていたら、ちょっとやってみて反応がなかったとき、「昔はよかったけど、やっぱり今はもう魚がいない場所なんだ」という気持ちになっていたかもしれません。少なくとも、独力で見つけて「ここは！」と思ってサオをだすときのワクワク感や集中力を欠いていた可能性はあります。

情報を入れれば効率よく釣れることはあるでしょう。けれど、爆釣には繋がりにくい。長期的に見てアングラーとしての成長のことを考えても、実体験から得たことを大切に積み重ねていくべきだと僕は考えます。

2004年のクリスマスに開催された第1回オカッパリオールスタークラシックで、黒部川（利根川の支流）で入れ食いに。むか～し昔メジャーエリアだったことを知らなかったおかげで、「凄いとこ見つけた!!」と大興奮&超集中力で釣りまくることができた

前後の季節を意識した「繋がり」重視のシーズナルパターン①

［暖かい雨風］がバスを衝き動かす

個性があるバスという魚はパターンでは括り切れない

ワカサギパターンやザリガニパターン、クランクベイトパターンに雨パターン、シャローパターンなど、バスフィッシングでは「パターン」という言葉がさまざまな事象に対して用いられます。型にハメて釣る（再現性が高い釣りをする）のはもちろん可能であり、だからこそバスはさまざまなことを予測して釣ることができる魚なのですが、僕はこのパターンという言葉があまり好きではありません。時として先入観を生む元にもなってしまう。バスは野生の生き物で、個性まで持っているものだから、なかなかパターンに当てはまってくれないと実感しています。

ただし唯一、「シーズナルパターン」だけは季節ごとのバスの居場所を特定するうえで意識しています。シーズナルパターンは春夏秋冬のバスの行動を体系化したものですが、この考え方を釣果に反映させるには、たとえば「今日から3月だから春のパターンが有効」というように、暦どおりにはいきません。

実際にシーズナルパターンを生かすには、「季節の繋がり」を意識すること。僕は、春夏秋冬を個別に考えることはしません。今が春だから、夏だから、ではなく、繋がりで考えます。今が春なら前は冬だし、後ろは夏。なかでもキーになることが多いのは「前の季節」です。春を例にすれば冬のバスが好む場所繋がりで考えることが大事ということです。

もう春だけど、エリアのキーはまだ［越冬場］

春の話は、冬からのスタートになります。バスは冬もエサを食べています。けれど、そんなに釣れない。ということはエサもあまり食べていません。恒温動物である僕らヒトには想像しにくいですが、変温動物であるバスは周りの水温が下がると体温も下がって代謝が落ちる。そうすると、お腹が減らなくなるから、多くのエサを必要としない。ちょっと食べただけでも、消費しないから、低水温期に釣るとボテッと太っていることが多いわけです。こうした面において冬は、バスにとってアングラーが想像するほど厳しい季節ではないのかもしれません。

冬のバスはエサ優先ではなく、低水温下で生きることが最優先。氷が張るような岸寄りのシャローにいたら自分も凍りついてしまうので、冬のバスは水深があって水温が上下しにくく、波風を避けてジッとしていられる場所を好みます。一例としては水深がある消波ブロック帯や沈みオダの隙間で、そうした冬のポジションが春の釣りの基点になります。

僕のオカッパリはシャローが中心です。沖も深場も積極的にねらう要素ではありません。バス（ノーザンラージマウス種）本来の習性と、オカッパリにおける釣りの効率から、僕はシャローをねらったほうが釣果が伸びるからです。その岸寄りのシャローにバスが戻ってくる春は、僕にかぎらず多くのオカッパリアングラーにとって待ちわびた季節といえます。

釣り場の標高や緯度によって季

節の進み方は違いますので、ここから先はそれを前提に読んでください。

春になると岸からねらえる範囲にバスが増えてきて、積極的に捕食するようになります。ただ、そのタイミングを察知するのがちょっと難しい。ヒトの感覚的な部分も大事で、最近ずいぶん日が長くなってきたな、と実感するようになってきたタイミングで、水中にも春の兆しが現われます。だいたい2月の20日ごろを過ぎると、真冬のどん底を脱した気配を感じます。

とはいえ、ヒトの感覚でも暦のうえでも2月はまだ冬。そして3月に入ってもアングラーは防寒着が手放せませんが、やがて春一番などの南寄りの強風や暖かい雨を経るごとに春の訪れを感じるようになります。それに伴なって釣果も聞こえ始めますけど、釣れ方にはまだまだムラがあって、冬と春は週替わり、日替わりです。魚を衝き動かす条件(暖かい雨風など)が整った日には、魚が一気に動きだしてシャローでグッドサイズが釣れたりもしますが、そういうのはまれ。3月に入って水温が上がってきても、多くの魚はまだ越冬状態にあると感じます。

このころの釣りで楽しいのは「数は釣れないけれど、釣れればグッドサイズが多い」ということです。よく言われるように「春は大型のバスから動き始める」、それはたしかにあると感じます。2月中旬から3月上旬にかけて大型のバスから釣れ始めて、浅いところでルアーを食う瞬間が見えることもある。季節が進んでいくと、数が釣れるようになっていくのと引き換えにアベレージが下がってくる。ただしそれは大きな流れであって、寒の戻りでシャローがもぬけのからになったり、そうかと思えば翌日の雨でシャローが爆発したり。そういうことを繰り返しながら釣果に安定感がでてきます。

2017年3月2日の霞ヶ浦。天候は朝から一日中曇りで、水温は8〜9℃。まさに典型的「暦のうえでは春だけど……」な釣行。この日はシャローだけをねらって4尾をキャッチ。47㎝の2kgクラスを筆頭にすべて良型だった

春、とくに早春にキーになるのは[冬によかった場所とその近辺]です。春を感じられる日にシャローをねらうにしても、そのシャローに差してくるバスは越冬場を基点に動いているからです。春の釣りをして外したなと感じたら、冬のロケーションで冬の釣りをしてみてください。早春のシャローが状況をとても選ぶこと、冬が意外に長いこと、そして情報のコワさも実感できるはずです。「浅いところで釣れ始めたヨ!」と聞くと僕もウキウキしてしまい、居ても立ってもいられずに釣りに行って、シャローで撃沈……。そしてここに書いたようなことを毎年のように実感しているわけです。が!毎年のようにボテっとした大型を釣ってもいるので、早春の釣行ではやっぱりねらってしまいます。

前後の季節を意識した
「繋がり」重視のシーズナルパターン②

夏のBOTTOM UP!ワード

夏

[流れが利いている水門]

夏の水門は、護岸線の変化として捉えるのではなく、流れが利いているか否かで良し悪しを判断する。もちろん流れていたほうがいい。水門の背後にポンプ施設があるかどうかをチェックして地図などに残しておけば、効率よくラン&ガンすることができる

[堰の直下]

水が空気をはらみながら勢いよく落ちる堰の直下は、流れが利いているうえに溶存酸素量も非常に豊富だ。大きな河川には途中にいくつもの堰が設けられていることが多いので、事前に航空写真で場所を確認しておきたい

[浅瀬・川の最上流]

ホースなどで水をまくときをイメージしてほしい。水の出口をギュッとつぶすと水流は勢いを増す。それと同じ原理で、川の浅いところは流れが加速する好スポットだ

[川幅の変化]

こちらもホースの原理。上下からホースをつぶして水の勢いを増すのが浅瀬なら、川幅の変化にはホースを左右からつぶすのと同じ効果がある

[岬や張り出し]

岬状の地形や沖へ張り出したカバーも流れがかすめていたら必ずチェックしたい

[ベンドのアウトサイド]

川筋が曲がっているところ(ベンド)では、内側と外側で流速が異なる。基本的には外側のほうが速く流れているが、実際にはその勢いで川床が削られて深くなっていることも多い。そうなると、ベンドのアウトサイドは深さによって流れがゆるみ、砂などが堆積して浅くなったインサイドのほうが速く流れているケースもある。ただし、写真のように両岸も川床も固められた水路の場合は、夏は見た目どおりアウトサイドが有望だ

[シェード]

流れのほうが優先されるが、シェードも夏のバスが好む要素だ。シェードを見ると奥の奥へルアーを撃ち込みたくなるかもしれないが、シェードを作るカバーに対して写真のようなポジションをとっているバスも多い。そのためカバーフィッシングでは[外から内へ探っていく]のが基本中の基本

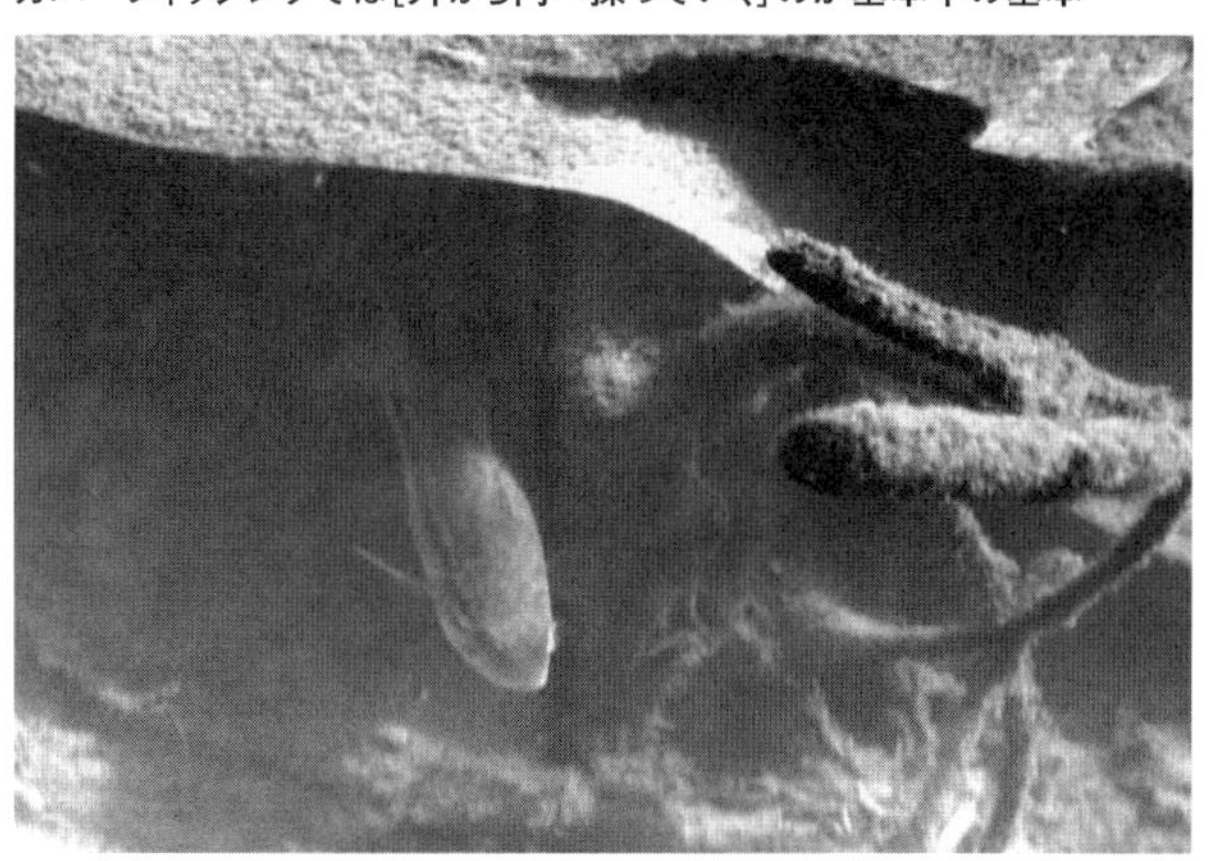

[流れに集まるベイトフィッシュ]

エビ
夏は流れが利いている水門の内壁にびっしり貼り付いているのをよく目にする

ゴリ
ハゼの仲間の通称。浅瀬の石の陰や、流れが利きやすい細い水路、水門などに多い

アメリカザリガニ
この生き物も流れに集まる。ボトムが赤く染まって見えるほど大群で密集していることもある

ブルーギル
その他のベイトフィッシュと異なり、あまりにも速すぎる流れの中にはいない印象。ただし急流の裏になるスポット、たとえば逆ワンド状の地形や、上下の反転流が生じる堰の直下にはいる

ワカサギ
8月の霞ヶ浦で撮った写真。勢いよく水が流れ出ている水門の外側に群れていた

夏

前後の季節を意識した
「繋がり」重視のシーズナルパターン②

スポーニングを終えたバスが個性を発揮

繁殖という本能のシバリ

　バスがスポーニングするのはおおむね4月中旬から。水温が安定して15℃を超えるようになったのを合図に産卵行動が本格化します。水が濁っているフィールドでは浅場に、水の透明度が高いフィールドでは浅場から深場までの幅広い水深に、バスの産卵床が見られるようになります。

　バスはハードボトムを好む魚であり、それはスポーニングシーズンであっても変わりませんが、ほかの季節とこの時期で大きく異なるのは、バスに「シェード」を好まない傾向がでてくることです。とくに一日中日陰になる低い橋（橋げたが水面に近い橋）の下など、通常は有望なスポットでバイトが得られにくくなります。

　また、スポーニングシーズンのバスは波風を嫌がるので、本湖と川に分かれるフィールドでは、冬からの繋がりもあって本湖のほうが個体数が多いですし、川の中でも逆ワンド（入り口が下流を向いているワンド）などに魚が集中する傾向があります。

　スポーニングはバスの行動を縛る一大イベント。本能がバスの行動を画一的なものにします。逆に言えば、スポーニングが終わるとバスの個性が発揮される。川を遡る魚もいれば、沖の深場へ落ちる魚もいますし、たいした流れもない高水温のシャローに好きこのんで残る魚も少数派ながらいます。バスって面白い魚だなァと思う、夏の到来です。

何よりも「流れ」が最優先

　暑くなって水温が上昇すると川にいるバスが増えてきますが、夏はこうしたバスの動きがわかりやすすぎてアングラーも川に集中します。もちろん僕もそのひとりなのですが、川の最上流にバスが差してしまったあとはいよいよバスがスレてくるので、バスとの知恵比べになってきます。

　流れのほかに夏を釣るうえで外せない要素として「シェード」が挙げられますが、僕はどちらかというと流れのほうを優先します。流れが利いていれば日なたを泳ぐバスを目にすることはよくありますけれど、どんなに濃くて大きなシェードであっても流れがなければ

バスはいないことがほとんどだからです。

エサも流れに集まります。小魚はもちろんザリガニでさえ水通しのよさを求めます。たとえば田んぼからの水が出ているところには何匹ものザリガニが集結していることがありますし、水が動いている水路や水門の壁にはゴリやエビが密集している。

まとめると、夏は目に見えて水が動いているところだけを釣る。そういう場所以外はいっさい釣らなくてイイ。そういう意味で、夏の場所選びは非常に簡単です。しかも、こうして夏のバスは流れに縛られるので、ねらって大きいバスを釣りやすい季節でもあります。オカッパリにおいてキーになるのは「ボートでは侵入できないほどのスーパーシャロー」や、川や水路のなかでも「幅が極端に狭まっているセクション」です。流れがあればバスは妥協なく居心地がイイ場所を目指しますし、浅かったり狭かったりするほど流れが収束されて勢いを増すからです。ただし、そうした場所にいるバスにはよりプレッシャーが掛かりやすいので、アプローチや釣り方の工夫が欠かせません。

ところで夏といえば沖やディープを釣るのもセオリーとされますが、僕がそうしたバスに手を出すことはまずありません。魚探ナシで深場の魚をねらうとどうしても釣りの精度が落ちてしまうからです。バスの近くにルアーを通せる確率も下がれば、ルアー操作も近距離のように自由自在というわけにはいきません。それに、浅くて明確な流れが利いている場所にいるバスのほうが、スレているとしても基本的にはやる気があります。沖やディープのバスをねらうのは、岸際のシャローが魅力に乏しい皿池タイプの溜め池などに限られます。

またげるくらいしか幅がない、こんなに細くてしかも浅い水路だからこそ流れがよく利いている。こんな小場所に意外なビッグフィッシュが入り込んでいるのが夏だ

夏に川や水路を見つけたら、てっぺん（最上流）を見ずにはいられない。草木に埋もれてしまっているが、写真中央に水路がある……はず。夏のオカッパリは冒険心が好釣果に繋がる!

前後の季節を意識した
「繋がり」重視のシーズナルパターン③

［エサ］と［春］をヒントに川を出たバスを追う

シバリの消滅

暦のうえでは9月から秋になりますが、このころは暑さと夏の雰囲気がまだまだ色濃く残っています。湖の全域がバスの適水温とされる20℃前後まで下がってくるのはおおむね10月に入ってから。そのころになるとバスにとってもエサとなる生き物にとっても「流れ」の優先順位が下がって、最も強い流れが利く川の最上流から生命感が消えていきます。

そして10月中旬になると川の水の色が変わり始めます。プランクトンが減ることをおもな原因として水の透明度が上がっていくのですが、不思議と水質がよくなったとは感じられません。クリアアップして丸見えになった水中に生き物の姿がなく、寒々しい印象は早くも冬が迫っていることを思わせます。

けれど、10月に入っていよいよ川からバスが消えていっても、僕はまだ川をチェックします。エサも減っていくけれどまだ完全にいなくなる時期ではないし、バスには個性があるので最上流に止まっている魚が意外にいたりするからです。

霞ヶ浦水系を例にすると、11月や12月初旬でも流入河川の中・上流でグッドサイズが釣れることがありますが、ほとんど「流れ」だけを意識していればよかった夏とは違って、もうひとつのファクターが重要になってきます。「エサ」です。オカッパリでは、「目で確認できるエサの存在」がエリアの決め手になります。ブルーギルやエビ、ゴリなどです。

それと、「春に釣れ始めるのが早いエリアは、秋に釣れ終わるのが遅い」ということが言えます。水温に安定感のある充分な水深であったり、豊富なエサ

初秋の北浦（淡水）でアミに掛かった魚を漁師さんに見せてもらった。10㎝ほどのワカサギとサヨリ、20～30㎝のペヘレイが獲れていた。よく探したが、バスは1尾もいなかった

だったり、クリアアップしにくかったりと条件はさまざまですが、春先によかったエリアは、秋が深まったときの有望エリアでもあります。

逆に、秋が深まるほど釣れなくなるのは、やはり川です。ただし川にも良し悪しがあって、深場があり、寒くなってきても水の色にあまり変化がなく、エビやゴリが護岸に張り付いている、そういう川はイイ。秋にダメなのは、狭くて水深が浅く、水温が下がりやすい川です。

秋はとにかく「エサ」が大事。

西湖のワカサギとブルーギルの群れ

言い方を変えれば、秋はエサしかバスを縛ってくれるモノがない。「冬は越冬場」「春は越冬場とそこに隣接したシャロー」「夏は流れ」などのような場所に関連した明確なヒントが、秋にはない。ないというより、オカッパリではヒントが得にくい（ボート釣りならベイトフィッシュの群れを魚探に鮮明に映せる）。そんななかで、「夏のエリアを基点に、秋が深まるにしたがって、春に釣れ始めたのが早かったエリアへ目を向けていく」やり方は、オカッパリでひとつの指標にはなってくれると思います。

BOTTOM UP!

目から入る情報量を増やすために［偏光グラス］はぜひ高性能なモノを!

名作・ワンエイティーのころからサイトマスターを掛けて10年以上、このタックルがなかったら釣果が激減していたのは間違いない

僕のオカッパリにはサイトマスター（ティムコ）という偏光グラスが絶対に欠かせません。サイトフィッシングやクリアウォーターでの釣りに限らず、マッディーウォーターでも必須です。

見るモノはたくさんあります。水の色や水質に始まって、ライン、ルアー、ボトムの沈み物、地形の変化、ベイトフィッシュ、バス、バスのチェイス……、偏光グラスを掛けることで目から入ってくる情報は何倍にもなりますし、偏光グラスに頼っているだけに、これナシではもはや釣りにならないといっても言いすぎではありません。

サイトマスターの偏光レンズはTALEXのガラス製です。ポリカーボネイト製などのレンズに比べてガラスは硬度が高いため、キズがつきにくく、クリアな視界を長期間にわたって維持してくれます。ガラスの短所として重さが挙げられますが、サイトマスターはフレームの工夫によって重量を上手く分散しているため、掛けていて重いと感じたことはありません。とくに近年のβチタン製バネ蝶番が採用されているモデルは、「しめつけ感がないのにズレない」という最高の着用感を実現しています。

釣果以外の面でも、偏光グラスは、ヤブ漕ぎ時の目の保護や、紫外線をカットしてくれることによる目の疲れの軽減など、安全面でもメリットしかないタックルです。

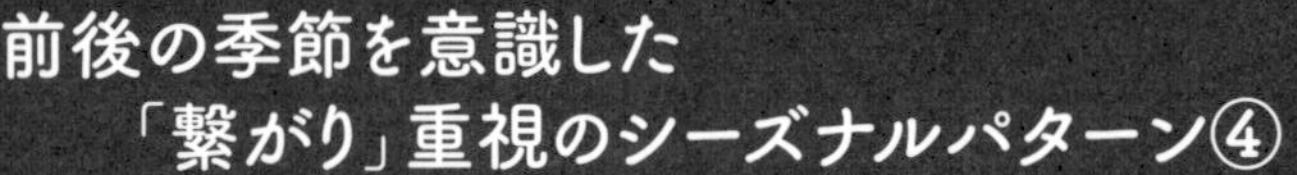

前後の季節を意識した
「繋がり」重視のシーズナルパターン④

冬のBOTTOM UP!ワード

冬

冬の釣行こそ早起きが大事!!
［一日の両端30分間］

冬の釣行で寒さは避けられない。どうせそうであるなら、頑張って早起きして、一番冷え込む日の出の瞬間からロッドを振ろう。夜明け直後の辺りが一気に明るくなっていく30分間は、半冬眠状態にあるような冬バスを目覚めさせる、一日一度の大チャンスだからだ。ただし、早朝は静かに。周囲に民家がある場合はとくに、車のドアを閉める音はもちろん、会話でさえも騒音になることをお忘れなく

夜明け直後の［バスを目覚めさせる刺激］

厳寒期とされる1月から2月は、冬のなかでもとくに釣果を得るのが難しいです。この時期は、適切なエリアで適切なテクニックを駆使したとして、それでも一日一度の時合をモノにできるか否かが釣果のゼロとイチを分けます。

真冬のどんなに冷え込んだ朝でも、夜明け直後のパッと明るくなった直後、あのときの刺激で明らかにバスの活性が上がるのを感じます。そのタイミングで釣れないと、その日の苦戦を覚悟します。それくらい［冬の日の出から30分間］は大事です。

朝夕のマヅメはほかの季節においてもよく釣れる時間帯ですが、バスが基本的に寝ているような状態にある冬は、その重要性がさらに高まります。日の出からの30分間を逃すと、次に明るさが大きく変化するのは夕マヅメを待たなければなりません。

風が吹きだしたり雨が降りだしたりといった状況の変わり目もチャンスですが、そういう気象条件の変化は、起こるのか起こらないのかわからない。日中に表層が温まってから……、というのも、釣行当日が穏やかに晴れてくれなければ成り立ちません。

冬に一番イイ場所で最大限に集中しなければならないのは、一日のなかの両端30分間、計1時間です。

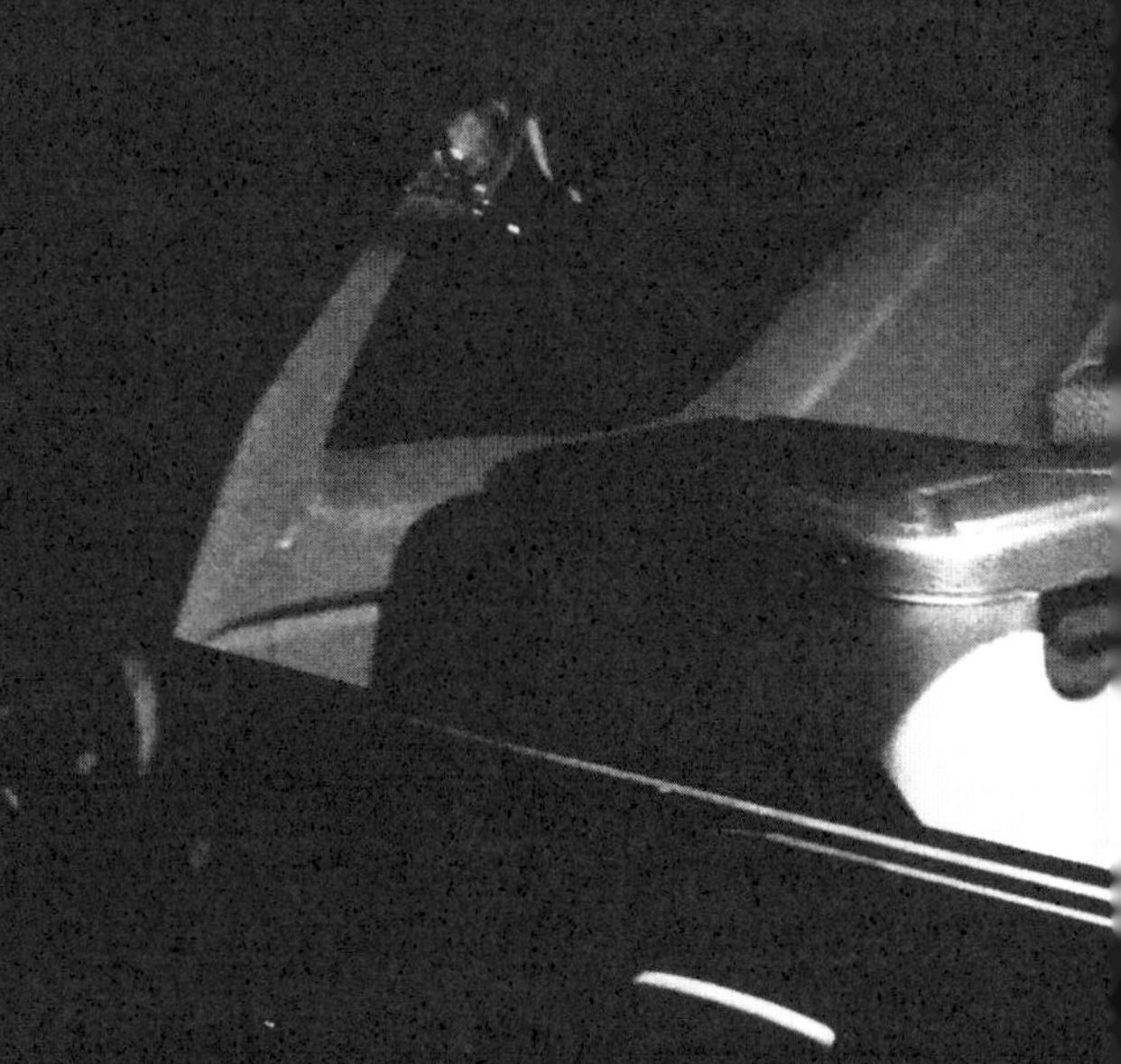

前後の季節を意識した
「繋がり」重視のシーズナルパターン④

［朝夕の刺激］［横移動ナシの誘い］［安住の越冬場］3つのキーで四季の最難関をこじ開ける

冬

クリスマス開催の第1回オカッパリオールスターを勝ったことで、その後、ありがたいことに冬の取材がたくさん入った。冬に釣果を出すのは簡単ではないけれど、技術面でも精神面でも得るものが多いうえに、これはこれで季節感のある釣りとして楽しい

冬に釣れればほかの季節は怖くない

四季の繋がりを重視したシーズナルパターンで、残るは一年の終わりでもあり始まりでもある冬です。

冬が、釣果の面でほかの季節に対して優位なところはほとんどありません。すでに「春」で書いたように、冬は圧倒的タフコンディション。バスは長期間の連続した冬眠はしませんが、一日のサイクルで見れば冬のバスは多くの時間を眠っているのに近い状態で過ごしています。

また冬の釣り場は、フィールド全体を見渡せば閑散としていますが、数少ない有望な場所にアングラーが集中する傾向が非常に強いうえに有効なルアーも限られる。そのため冬のオカッパリは、ハイプレッシャーとの戦いにもなります。

そんな冬ですが、この季節に釣りをするとイイこともあります。安定して釣れるようになったら、ほかの季節のタフコンディションが怖くなくなることです。春から秋にかけてどんなに難しい状況に遭遇しても、冬に比べたらぬるい。これは自分にも言えることですが、多くのアングラーはほかの季節にどんなにタフな状況に遭遇しても、冬ほどスローダウンした釣りまではやらない。打開するための選択肢がほかにあるからです。

多少魚が気難しい状況であっても、冬の感覚で、そこにいるはずの魚に絶対にルアーを食わせようとする覚悟で臨んだら、釣ることができるバスもいるはずです。「そこまでの引き出しを自分はまだ開けていない」という余裕が、好釣果に繋がることがある。実際、真冬の攻め方をすることで何とか釣れた経験もしてきました。気持ちの面でも技術の面でも、冬に釣れるようになることの効果は絶大です。

［温排水］がベストで次点は［減水した小さい野池］

10月から11月にかけての1ヵ月間で、バスの行動は冬に向けて大きく変化します。［流れ］や［風］を好んでいたバスがいよいよそれらを嫌うようになり、求めるモノが［涼］から［暖］へシフトする。そして12月に入り、一日のなかで捕食するタイミングが限られてきたら、いよいよ本格的な冬の釣りのスタートです。

冬であっても、本当の本当に水が動かない場所や、まったくの無風は、釣るうえでイイ条件ではありません。水温が激しく上下しない［充分な水深］があって、そこに［適度に流れが通るけれど、流れの裏に入ることも簡単なストラクチャー］があったら理想的。そういう場所にはほかの生き物も必ずいますから、バスにしてみれば半分寝ながらお腹が減ったらエサもつまめる。一例として消波ブロック帯は、冬の間はそこから大きく動く必要がない、という意味でバスを縛る「閉鎖的エリア」です。閉鎖的エリアを釣るのは冬バス攻略において非常に大事。「そこに確実にいるはずのバスの口もとにルアーを通したい」からです。

話が少し逸れますが、たとえば冬の取材で「釣り場は任せるから確実に釣ってほしい」と言われたら、僕が選ぶのはまずは「温排水がある釣り場」で、次点は「減水した小さい野池」です。

温排水が最高です。水温が高いわけですから、冬だけど相手にするのは冬のバスではない。アングラーが集まるのでそのプレッシャーだけどうにかすればイイ。ただし、温排水がある釣り場なんてそうそうない。

ということで現実的には次点の小さい野池を選びます。減水で普段よりも浅く狭くなって「閉鎖度」が高くなっていればなおイイ。

ひとつ断っておきますと、これは完全に釣果だけを最優先したときの選択です。バスが確実にいることを前提に、釣り場は狭ければ狭いほど、浅ければ浅いほど、バスの口もとにルアーが通りやすくなる。もう確率論みたいな話になってきますが、冬には大事なことです。

ここからもわかるように、僕が感じている冬の難しさは「低水温によってバスがルアーを追わないこと」なのです。

ティップから真下に吊り下げた90度アイのジグを、中層の一点で細かくシェイクして食わせる「マイクロピッチシェイク」。冬だけでなくほかの季節にタフったときも頼りになる技術だ

ダンク48F（O.S.P）をストップ&ゴーで使う「浮かせ釣り」。水中ではダンクが「潜ったり浮いたり」を繰り返して、上下にジグザグに泳いでいる。横方向にルアーを追う距離が短い冬バスに対して有効だ。用いるシャッドは何でもイイわけではない。潜行角が急なタイプを使って「一定距離のなかで、より多く上下にジグザグ泳がせる」のがコツ

クワセもリアクションも「バスの口もと」で仕掛ける

冬のバスは離れたところにいるエサもルアーもほとんど追いません。目の前に来たモノに対してしか、捕食にしても反射にしても間違いを起こさない。バスが絶対にいる閉鎖的水域や、閉鎖されていないとしても、そこにいるバスが外に出ていかない場所、消波ブロック帯やしっかりした高さと隙間があるオダなどで粘ります。

冬の一日の時間の使い方としては、「回るエリアの数をほかの季節の3分の1に絞って、そこに普段の3倍の時間をかける」ようにしています。言いたいのは、それほど「冬のバスはいても食わない」ということです。

有効な釣り方は、スモラバやダウンショットリグなら「横移動ナシの一点シェイク」「横移動ナシで小さく跳ねさせる」、シャッドならただ巻きではなく「ストップを入れる」など、バスがルアーを追わないし、追っても速くは泳げないことを念頭に置いてください。こうした釣りを丁寧にやると、自ずと3分の1のエリアに3倍の時間をかけることになるはずです。

1月末の高滝湖（千葉県）取材にて、マイラーミノー（O.S.P）のジグヘッドリグに食ってきた。朝の水温が3℃台で飛び出した50㎝アップにはさすがにシビれた!

ほかのアングラーと同じところに立たない

「立ち位置」と「ねらうスポット」が同じだと……？

「場所」について書いてきたこの章の最後に「立ち位置」について触れたいと思います。

バスフィッシングという釣りにおいても、場所は重要度が一番高い要素です。前のページまでシーズナルパターンについて書かせていただきましたが、これも言ってみれば場所の話です。季節を基準にバスがいる場所を絞り込み、有効なキャストを増やすための。ここで触れるのはもっと具体的に「釣りをするエリアに到着してから、どこに立ってキャストをするのか」という話です。

要約すれば、「ねらったところへキャストしやすい場所には立たない」のが、僕が考える「釣れる立ち位置」です。

詳しく書いていきます。釣り場に着いて、エリアをざっと見渡して、バスがいそうなスポットに目星をつけます。まずはそこへ歩いていくわけですが……、妙に歩きやすいと思ったら、足もとの草が踏みしめられて道ができている。よくあることですよね。

僕は可能であれば、このアング

［ルアーが飛んでくることに慣れていないバスを探す］［バスが無警戒のコースにルアーを通す］。どんなに人気でプレッシャーが高いフィールドにも、盲点的にそうした「穴」は存在する。一番簡単なのは、「ほかのアングラーが面倒臭がりそうなところへ突っ込む」こと。バスのルアーへの素直な反応を体験すれば、「キャストの前の魚との騙し合い」がいかに重要かがわかるはず

ラーによって作られた道から外れて歩いています。いったん土手の上にあがるなどして大きく迂回することもあれば、歩きにくいのを我慢して、水辺から遠い側へ1、2歩ぶん道を外れて、草の中を歩くこともあります。

バスは学習能力の高い魚です。普段アングラーしか通らない道を歩いてくるのはアングラーなわけで、その決まりきったルートから水中へ伝わってくる振動や水面に落ちる影は、間もなくルアーが飛んでくることをバスに報せて、身構えさせてしまいます。バスにそうさせないために、僕はスポットへ近づくルートをほかのアングラーとは変えるようにしているんです。だから、どうしても踏みしめられた道を歩くしかないときは、普段よりもさらに足の接地を静かにするように気を遣って歩いています。

そして、ねらったスポットへルアーを投げるときの立ち位置も、足もとがガチガチに踏み固められているような場所は避けています。「ねらうスポット」「立ち位置」このふたつが同じだと、ルアーを引くコースが「バスが学習しているコース」になってしまうからです。

バスは、アングラーがいつも通ってくるルートや立ち位置にも警戒しています。その学習能力を逆手にとって、いつもどおりではないではないルートを歩き、いつもどおりではない立ち位置を取り、いつもどおりではないコースにルアーを通す。すると、アングラーが多い人気フィールドのハイプレッシャーエリアでも、意外に簡単に釣れてしまうことがあります。

もちろん、キャスト精度や着水音を抑えるといったことも非常に大事なので、スポットのねらいにくさ（キャスト精度の低下）との兼ね合いになります。けれど、とくに足場が制限されるオカッパリにおいて、ほかのアングラーと歩く道や立ち位置を変えることは、水上でのポジショニングが自由なボートフィッシングよりも効果が現われやすい。覚えておいて損はないです。

「大きな木」を目標にヤブを漕ぐと、おいしそうなカバーに行き当たることがある（行き当たらないこともある）。このときは大当たり。木の根が水中に垂れ下がっているうえに、根に支えられた土が水中にヒサシを作っている。ここまでルアーの落としどころを観察して撃つことは、ボートからでは難しい

ねらうスポットをロッドティップの真下に置く

前段ではキャスティングでねらう場合の立ち位置について書きましたが、ねらうスポットをティップの真下に置ける場合は別。足音を殺し、水面に影を落とさないように注意しながら、スポットとバスに近づけるだけ近づきます。

オカッパリでよく釣るアングラーは歩くときに足音を立てません。速度は普通なのですが、足の接地がやわらかいんです。それと、ちょっとした段差を飛び降りる人よりも、しゃがんで静かに足を地面に着ける人のほうがよく釣ります。本書はオカッパリがテーマなので余談かもしれませんが、ボート釣りでは船上での歩き方やボックスの開閉、タックルを持ち替えるときの動作にも気をつけたい。音や振動が船底から水中へ伝わるからです。バスを警戒させないということもありますが、そうしたことにまで気を配れるアングラーは、そもそもセンスや勤勉さを持っているからよく釣るということも断言できます。

スポットへの接近に関しては、水の透明度との兼ね合いになってきますが、濁っていたりしてこちらからバスが見える可能性がない（バスからもこちらが見えない）なら、ねらうスポットとの距離は詰められるだけ詰めます。

この「ゼロ距離」はオカッパリならではで、メリットが多いです。「キャスト精度MAX」「ルアーの着水音がしない」「トップでも中層でもボトムでも一点で誘い続けることができる」「ルアーの操作性MAX」「バイト感度MAX」「フッキングパワーのロス最小限」等々、魚がスレているフィールドほど、ゼロ距離だからこそ釣れるということがあります。これはテクニックでもなんでもありませんが、魚にそっと近づくだけで、釣りを始める前の段階でこんなにも有利になるんです。「面倒臭いから」と土手の上からキャストしたりするのは自分的にはあり得ません。サイトでより遠くのバスを見つけるためならわかりますけれど……。

近距離戦は、まず効率がいいです。ルアーの回収に時間をとられずに、釣れるところにルアーが浸っている時間が長い。それと、ルアーコントロールの精度。ジグやジグヘッドの中層一点シェイクが最たる例ですが、真上からのプレゼンテーションは着水音を抑えるのも繊細なルアー操作も思いどおりにできます。

僕は、この「真上から」に妥協しません。たとえば対岸に撃ちたいスポットがあるとします。距離は10m程度、充分に射程内です。それでも僕は向こう岸へ渡り、「対岸のスポット」を「足もとのスポット」にしてから撃ち始めます。

ほかにも、目の前にアシの壁が立ちはだかったら、ウエッピング（アシの壁の上にルアーを放り投げるプレゼンテーション）をするのではなく、かき分けたアシの隙間にロッドを刺し入れてルアーを落とし込む。もしくは身体ごとアシ原へ突っ込んでいく。すべては、ねらったところへルアーを入れて思いどおりに操作するためです。

観察とイメージありきの精度

「立ち位置」の話で、わかりやすい例として僕が挙げることが多いのが、自分からカバーに潜り込んでしまうことです。

■面倒臭いのでほかにやる人がいない。
■カバーを内側から観察することでルアーの落としどころが明確になる。
■ルアー操作の精度が上がる。
■そこにいるバスが、ほぼフォールベイト（沈むルアー）でしかねらわれていない。真上からルアーを落とし込めるところまで接近すれば、バスに学習されていないねらい方がいくらでもある。

このようにカバーに自ら潜り込

むことのメリットはたくさんあります。とくに草木が生い茂る夏場は、肌を草やイバラから守るために、どんなに暑くても上から下まで雨の日の装備が必要になります。雑誌などで僕のヤブ漕ぎを紹介していただくことがありますが、そうして公開しても、僕が釣るバスは減りません。なぜなら、そこまでやるアングラーはほとんどいないから。ある意味、安心しているんです。

　でも、こうして読んでいただいたからには、ぜひマネして釣ってほしいというのが本音です。僕自身、小学生のころから雑誌や映像を通じて、さまざまなものを見て、マネをして釣って、上達してきたからです。

　ちょっと横道に逸れましたが、場所のポテンシャルを引き出すために［接近戦］はぜひ試してみてください。スポットに接近することで、そこがどういったカバーなのか、カバーの周りの水中に石や杭なども沈んでいるのかいないのか、水深の変化やエサの有無、時にはバスそのものの有無など、いろいろなことを知ったうえで、静かにルアーを落とすことができます。

　そうして釣ったバスは、もしかしたら対岸やカバーの外からルアーを撃ち込んでも釣れた魚かもしれません。けれど、そうしてテキトーに釣った魚よりも、多くの情報を入れて釣った魚のほうが、アングラーを上達させてくれます。目先のことをいえば、次回の釣行でも同じスポットから同じように釣れる可能性がありますし、「バスはカバーに対してこういう付き方をするんだ」という経験値を積んでいけば、ほかのエリアでも、ほかのフィールドでも、釣った経験があるプレゼンテーションを自信をもって行なうことができるようになります。

　水際に生えているブッシュ……、根もとが水に浸っている木を想像してください。ブッシュを観察したことがないアングラーは「奥の奥」を撃ちたがりますが、そこがバスがルアーを食うスポットだとはかぎりません。

　カレント（流れ）がキーになるときは、ブッシュの中でも外周付近にバスがポジションをとっていて、その際を通るエサに注意を向けていることがあります。この場合は『ちゃんと入っていないように見えるキャスト』が正解になります。でも、カレントの利き具合や日照によっては、ブッシュの外周からいくらか中にバスがいて、そういうときはバックスライドを入れたり、外周の枝にルアーを吊るして長めに誘ったり（ブッシュの中からバスを誘い出したり）します。

　一方で、やっぱりブッシュの根もとはバスが隠れやすい。浅くなってもいるので、エサを追い詰めて食うためのフィーディングスポットになっていることもあります。ただし、外からルアーをねじ込んでも、浅いだけに着水音でバスが驚いたり、本当にいいところにルアーが入ったのかわからなかったりします。それに、掛けたバスを引きずり出せるかどうか……、枝に魚が宙吊りになってしまうのはほぼ確定です。

　いま挙げたような問題点は、自分からバスに接近しさえすればほぼ解決できます。アワセのストロークがとれなくなることもありますが、それを除けばボートからねらうより遥かに簡単。ボート（沖）からブッシュを撃って取りこぼさずに釣るのは、プレゼンテーションからランディングに至るまで、すべての過程において本当に難しいです。

　僕が釣りをするのは、オカッパリで誰もが叩くスポットです。だから、「バスの近くにルアーを入れる」ところまでは全員が横並びの条件で釣りをしていると考えています。そこで精度が重要になる。精度を上げるには、バスのポジションや顔の向きをイメージできなければいけない。そのイメージを釣果に結びつけるには接近戦が有利ということです。

BOTTOM UP
Column No.1

絶頂期を過ぎた霞ヶ浦が最高のフィールドだった理由

小学生のころは絶頂期の霞ヶ浦でデコ続き

僕は小学2年生のとき（1986年）、7歳でバス釣りを始めました。当時はただ沖に向かって投げていただけなのでもちろん釣れません。1尾釣れたらかなりイイほうで、ほとんどデコ。初バスは従兄といっしょに乙戸沼（茨城県）へ行って、その従兄のオススメのシースネークというダイワのバルサミノーで2尾釣れたことはありましたが、その後はまたほとんどデコ。小学生のころはもうずーっとデコだったようなものです。

そのころから霞ヶ浦でも釣りをしていましたが、自転車で行けたのは実家から近かった花室川くらい。当時の花室川にもバスはいたと思うのですが、1回だけ白いリングワームで釣った人を見たことがあるだけで、僕には釣れませんでした。そのころの僕はエサ釣りをメインに楽しんでいました。親父がけっこう霞ヶ浦に連れて行ってくれて、マルトボートで買ったエビでバスを釣っていました。ルアー用のタックルもいちおう持って行ってはいたんですけど釣れない。バス、コイ、フナなど魚種にこだわらず釣るという行為が好きだったから、よく釣れるエサ釣りがメインでした。

中学生になって（1991年）からは電車に乗って毎週末のように霞ヶ浦で釣りをしていました。始発に乗って土浦駅で降りて、土浦港周辺で釣っていました。

当時のフェイバリットはゲーリーヤマモトのグラブやサタンワームのスプリットショットリグ。使い方は、キャストしてゆっくりズル引くだけ。ロッドでスーッと引いて、ラインスラックを回収して、またロッドで引く。それだけでよく釣れました。

次もゲーリーヤマモト製品で、スーパーグラブのジグヘッドリグ。それは横に引っ張るのではなく、足もとの変化に落とす。ある日ボッコボコに釣っている人がいて、その人に現場で教わった釣り方です。

できれば「ルアーでバスを釣りたい」願望はあったけれど、釣れないルアーよりも釣れるエサ！　ということで、バスにこだわらずフナでもコイでも何でも釣っていたのがアングラー人生のスタートだった

中学・高校時代 得意技が一気に増えた

釣ることを覚えると一気に上達していくものです。デコって当然、釣れたら大騒ぎの存在だったバスが、釣れて当たり前になる。自分の小遣いで毎月ルアーを買うようになり、釣り雑誌の情報も食い入るように読んでは試して、自分の

持ち駒が増えていったのが、中学生・高校生（1991〜1997年）の6年間でした。中学ではテニス部、高校ではバドミントン部に所属して、部活にもちゃんと行っていました。部活も好きだったので。平日は部活、週末は釣り。週末も部活はありましたけれど、釣りに行っていました。ということは……、「部活にちゃんと行っていた」とは言えないかもしれません。

　話は遡りますが、「霞ヶ浦でゲーリーヤマモトのワームを投げると、すぐにバスに食われてしまってボトムに着かなかった伝説」は、僕が小学生のころでした。だけど当時の僕が下手すぎたというのもありますし、機動力が自転車だったこともあって、爆釣していたはずの土浦エリアは遠い存在でした。

　そんなわけで、僕がバスを釣れるようになった中学生のころは、霞ヶ浦が本当にパラダイスだった時代は過ぎていましたけれど、北浦へ行くとボッコボコに釣れると言われていました。そのころの僕は、土浦エリアでライトリグで一日頑張れば、ふた桁は釣れるようになっていましたが、40㎝アップは少なかったですね。そんなとき釣り場で会ったお兄さんが車で北浦に連れて行ってくれて、ひとつの石積みから何尾も釣れて、一日で20尾を超えました。中学生のころに20尾を超えるというのは、土浦エリアではそうそうないことでした。15尾は釣れるし、20尾釣れる日もあるにはありましたが、北浦へ行けば20尾は堅い、みたいな感じです。

　霞ヶ浦水系でそんなふうに数がよく釣れたのは、高校生のころまででした。スプリットショットとジグヘッドリグのあとは、パドルテールワームの3.5gテキサスリグにハマりました。ドゥードゥルビーバーも使いましたけれど、一番のお気に入りだったのはカリフォルニアの3.5inパドルテール。あれは本当によく釣れました。これもパワーを感じたルアーのひとつです。

　それと、今でも当時のモデルの完璧な復刻を熱望しているT.D.ソルティースラッガー、それのジグヘッドリグで中層をねらう釣りも凄かったです。落として、中層にステイさせた状態でシェイクする、言ってみればマイクロピッチシェイクの元になった釣り方です。

　T.D.ソルティースラッガーは当時、雑誌にもよく取り上げられていた大人気のソフトベイトで、ジグヘッドリグのほかにもスプリットショットリグやライトキャロライナリグでの使い方が紹介されていました。「ハゼ科の魚がスッと、時にふわっと、落ちていく動きにそっくりだ」という記事でした。

バスフィッシングって面白い!!

　オープンウォーターではスプリットやキャロをズル引く。

杭や水門の壁にサスペンドするバスはジグヘッドのマイクロピッチシェイクっぽい釣りでねらう。

　そうした場所に応じた釣り方やクワセの持ち駒が僕のなかに増えてきました。何を投げてもよく釣れた時代は過ぎてしまったし、アングラーが多くて魚はスレていたしプレッシャーも高かったけれど、ほかの人よりも丁寧に、繊細にルアーを操作すると、釣果に凄く差がつきました。ゼロ対15尾とか、技術で釣果にハッキリ差がつくのを実感できたことはとても貴重な体験でした。

　当時流行ったブラスシンカーを試したりもしました。本当はベルズやウォーターランドのペイントされたものを使いたかったけれど、高価だったので安い金ピカのを買って使ってみたら、鉛のシンカーよりも釣れなくなった。釣果が落ちた残念さよりも、そうしたことでバスの反応に違いが出ることが面白くて仕方なかったです。

　そういう実験をしていたころの霞ヶ浦が、もしもパラダイス時代だったら、僕はここまでバスフィッシングにのめり込まなかったかもしれません。何をやってもよく釣れて、何をやってもたいして差がつかなかったら……、あまりもイージーに釣れすぎた時代と僕の中高生時代が重なっていたら、この釣りの本当の面白さを知らないまま、やめていたかもしれません。

第2章　緩急と強弱の技術論

［ソフトベイト・リグ編］

川村光大郎が技術について話すとき、頻繁に出てくるのが
「ナチュラルリアクション」という言葉だ。
バスが普段食べているエサに近しい見た目のルアーを用い（ナチュラル）
そのルアーをアングラーが操作することで
バスに捕食行動のスイッチを入れる（リアクション）。
さらに要約すれば、川村光大郎が釣りまくる秘密は
ルアー操作の［緩急や強弱、静と動のメリハリ］にあるのだ。

オリジナル・ヘアージグ

オカシラヘッド（メガバス）をベースに草深幸範が作ったヘアージグ。西湖（山梨県）のシャローのボトムでピピッ、ピピッとトゥイッチ&ステイすると、写真の50cm・2kg級を始め多くのグッドサイズが猛烈に反応した

食わせとリアクションの「曖昧な境界線」

バスがルアーを口にする要素として「食わせ」と「リアクション（反射行動）」のふたつをよく見聞きすると思います。僕もこのふたつの言葉を使って釣り方などを説明することがよくあります。

そういうときは、できるだけ誤解のないように説明しているつもりですけれど……、すみません。すべてではないにしても、時に「便利だから」という理由で、食わせとリアクションという言葉を使って物事を説明していることがあります。

「エサっぽく、自然に操作して食わせた」

「鋭く動かして、反射的に口を使わせた」

実際、このようなイメージでルアーを操作して釣っていることが多いので、ウソではないんです。けれど、突っ込んだ話をすると、食わせとリアクションを明確に線引きしたがるのはアングラー側の都合であって、バスからしてみるとルアーを口にする理由の大部分は「捕食行動の一環」だと思っています。

野生のバスにとって、捕食するチャンスはとても貴重です。プレッシャーが掛かっていたり、ルアーをよく学習したりしているバスにとってもそれは変わりません。ルアーを疑うあまり本物のエサを前にしたときまで警戒していたら、エサは逃げてしまいますから。

そうしたミスをすることなく俊敏なエサを食べるために、捕食行動をサポートする機能としてバスに備わっているのが、口を使う反射行動なのだと思います。「エサっぽい何か」がパッと来たら、思わずパクッと口を使う。それがルアーだったらアングラーの勝ち、というのがバスフィッシングのひとつの側面だと僕は考えます。「思わず」「つい」「反射的に」、どれも大好きな言葉です。

ルアーは当然ながら生きていないニセモノですし、もれなくイトもハリも付いているとなれば本物のエサと比べて不自然なことばかり。そんな本物には到底敵わないニセモノであっても、バスに「本物っぽい」と錯覚させるような見た目や、本物に動きを似せることは大切です。そして「それっぽいもの」に、スピードやフラッシングなどの瞬間的なトリックを加えることでバスの捕食行動を引き出すことは、ナチュラルでありリアクションでもあるといえます。

例えば僕がサイトフィッシングで頼りにしている、スピナーベイトをバスの口元に通す「スピナベサイト」はリアクションに特化したテクニックと思われがちですが、この釣りで相当数のバイトシーンを見てきた僕としては、「突然目の前に現われた小魚にバスが思わず反応してしまっている」ように感じるのです。捕食の引き金となる、バスの反射をいかに利用するか、「リアクション」をいかに仕掛けるかが技術面の腕の見せどころであり、釣果を分けるキーだと考えています。

小魚に非常によく似た見た目のマイラーミノー(O.S.P)をジグヘッドにセットして、中層一点シェイクで食わせた。一見「ナチュラル」な要素しかないよう思われるこの釣りにも、実は「リアクション」の要素がある。キーワードは[小魚が身を震わせるような細かいシェイク]に[フラッシング]がともなうこと

BOTTOM UP!

結束強度に優れる[パロマーノット]

バスフィッシングを始めてからわりと最近までユニノット派だった僕ですが、ある日、会社のスタッフとノットの強度比べをして完敗……。そのスタッフのノットが「パロマーノット」でした。以来、このノットも使うようになりました。

パロマーノットの長所は、なんと言っても「結節強度が高い」こと。強い結びなのに手順は簡単なので、覚えて損はありません。

結び方のポイントは④です。スナップやルアーをくぐらせた輪をメインライン側（図では右側）までもってきて、[輪の中に③で作った片結びもくぐらせてから] ゆっくり締め込むこと。そして⑤の仕上げで小さな輪が残ってしまっていないことも大事です。

短所としては、結ぶルアーが大きかったりトレブルフックが付いていたりすると輪の中を通すのが面倒なこと。手順が簡単なわりにキレイに締め込むのにコツを要しますので、急いでちゃちゃっとやれるノットではありません。

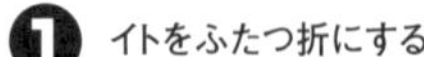

❶ イトをふたつ折にする

❷ スナップやアイなどに通す。アイが小さいフックなどの場合は、アイに往復で2度イトを通すことで図と同じ状態にする

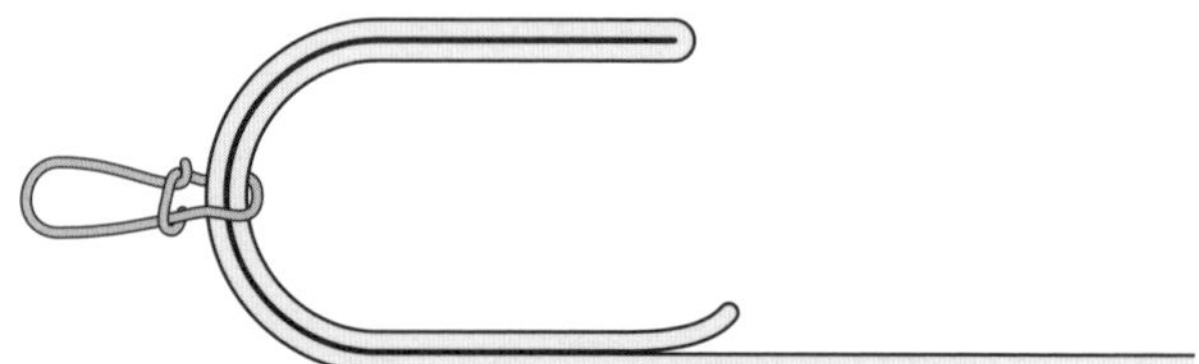

❸ 片結びの要領で図のようにイトを回す。まだ締め込まない

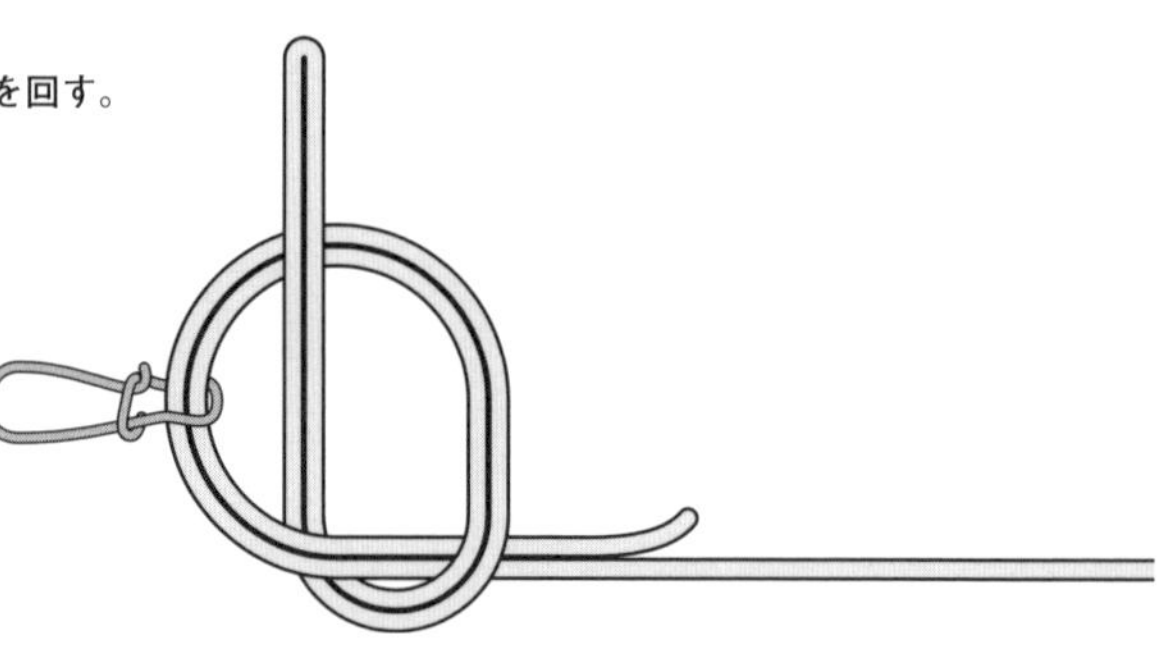

❹ **Point!**

ふたつ折にした先端部の輪にスナップやルアーをくぐらせ、輪をそのままメインライン側（図では右側）までもっていって③で作った片結びも輪の中にくぐらせる

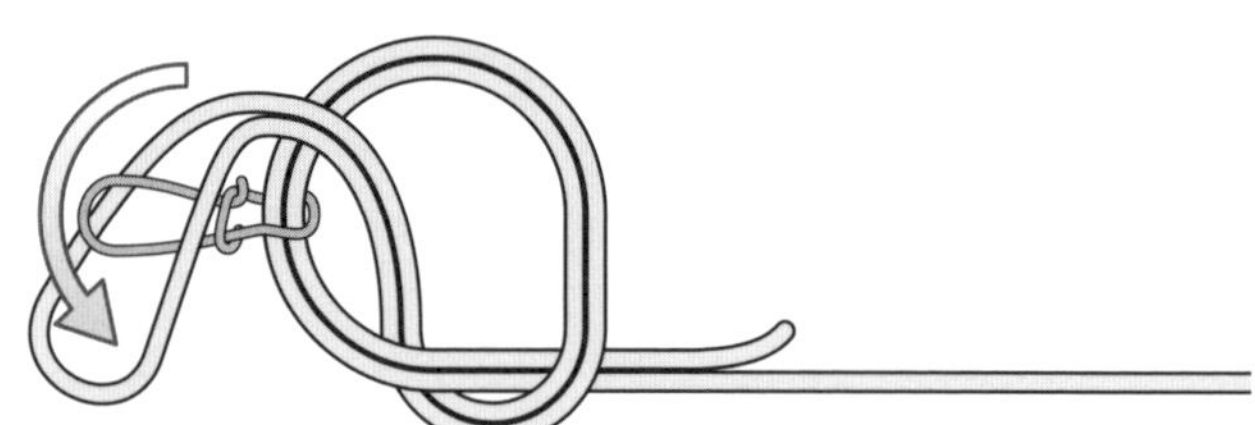

❺ 結び目を湿らせてゆっくり締め込む。小さな輪が残っていないかチェック。余りイトを切ったらできあがり

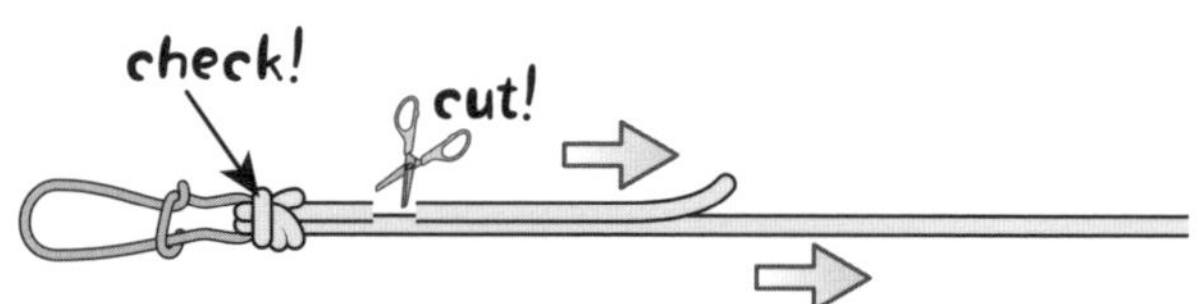

BOTTOM UP!

安定して高い強度が出る[ユニノット]

最大の結節強度ではパロマーノットに劣りますが、ユニノットはどんなルアーやフックにもスピーディーに結びやすく、結節強度にバラツキが少ない。ということは、誰が、どんな心理状態で結んでも安定して高い強度が出るわけで、パロマーノットを知った今でも使用頻度は高いです。

ユニノットでは、通常のシングルラインとダブルラインを使い分けています。

ダブルで結ぶのは、細いラインを使用するとき。厳密に何Lb以下はダブルユニと決めているわけではありませんが、6Lb以下は結び目の強度を上げるためにダブルで結ぶことが多いです。それと、結び目の位置がズレてほしくないとき。たとえば中層で誘うときに結び目の位置によって水中姿勢が変わってしまうラバージグなどにはダブルユニで結びます。そしてどのノットにおいても仕上げの締め込みが大事。結び目を湿らせてから、締め止まるところまできっちり締め込んでください。まだ締め込める余地を残してしまうと、アワセの瞬間にキュッと摩擦してラインブレイクの元になったりします。

❶ アイにラインを通す。ダブルユニノットの場合はラインをふたつ折にしてアイに通す(①b)。以降ダブルラインを1本のラインとして扱い、同じ手順で結んでいく

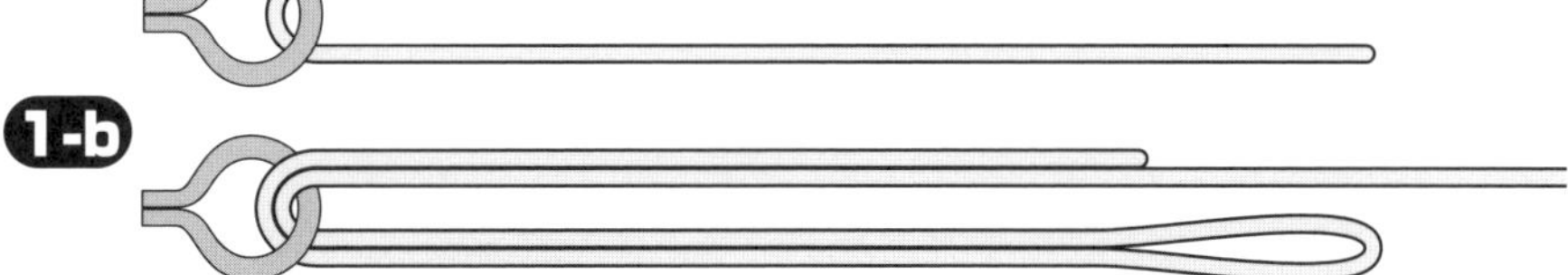

❷ 2本のイトに端イトを交差させて輪を作る

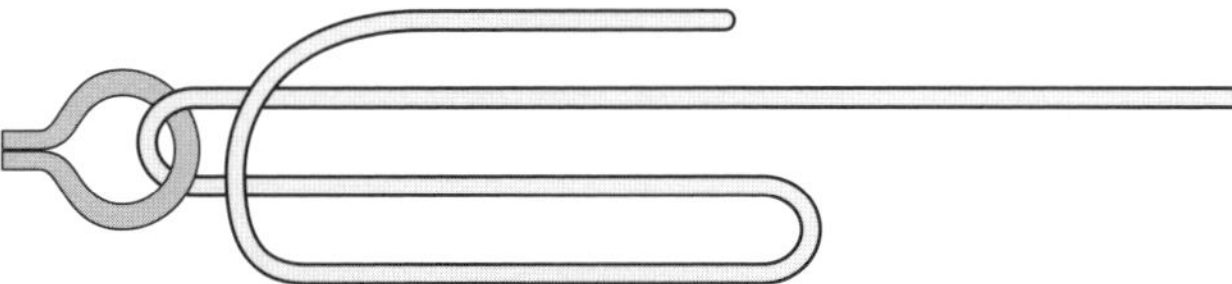

❸ 2本のイトを束ねながら、輪に端イトを4回通す

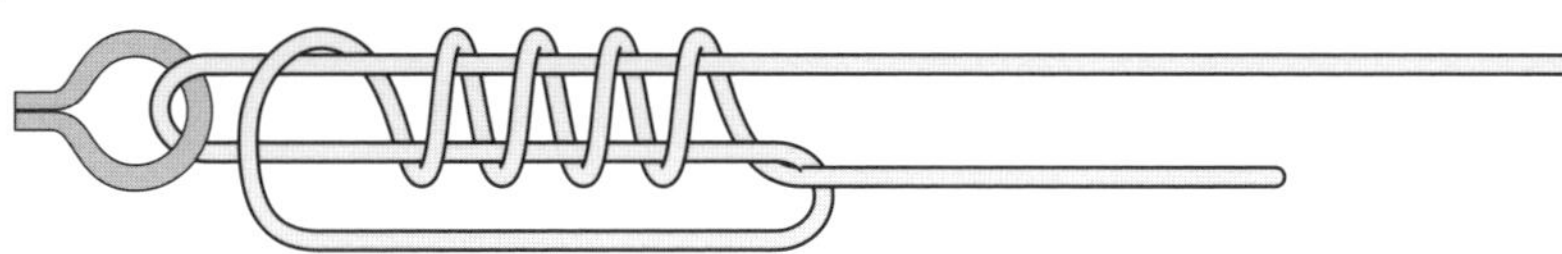

❹ 端イトを軽く締めて結び目を作る

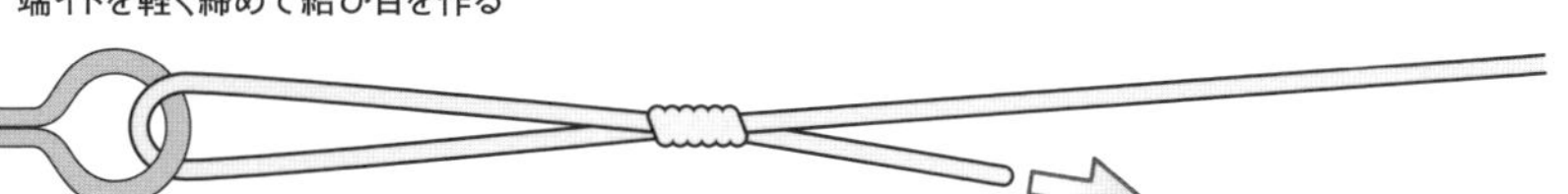

❺ 結び目を湿らせてから本線イトを引き締めていき、余りイトを切る。ダブルユニノットの場合は3本の余りイトを切ったら完成

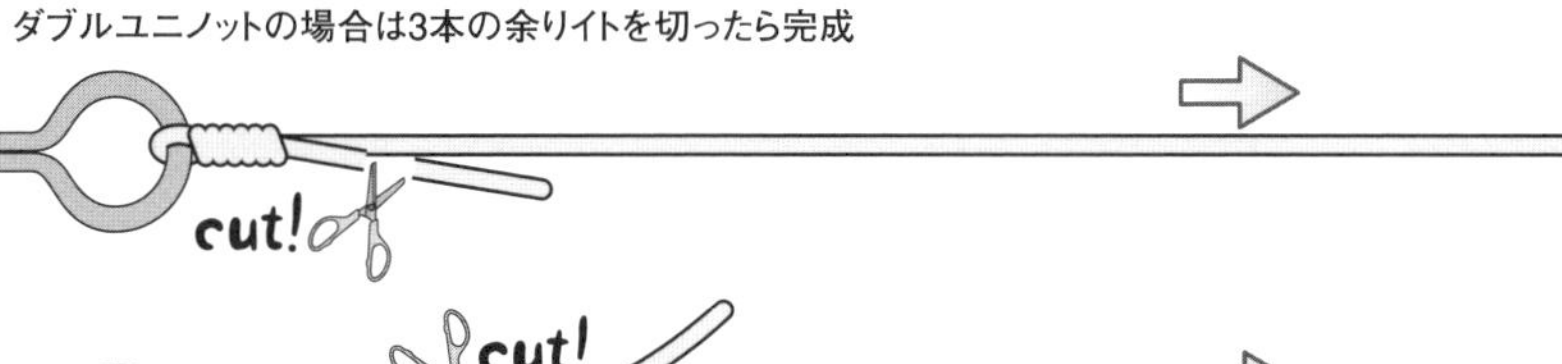

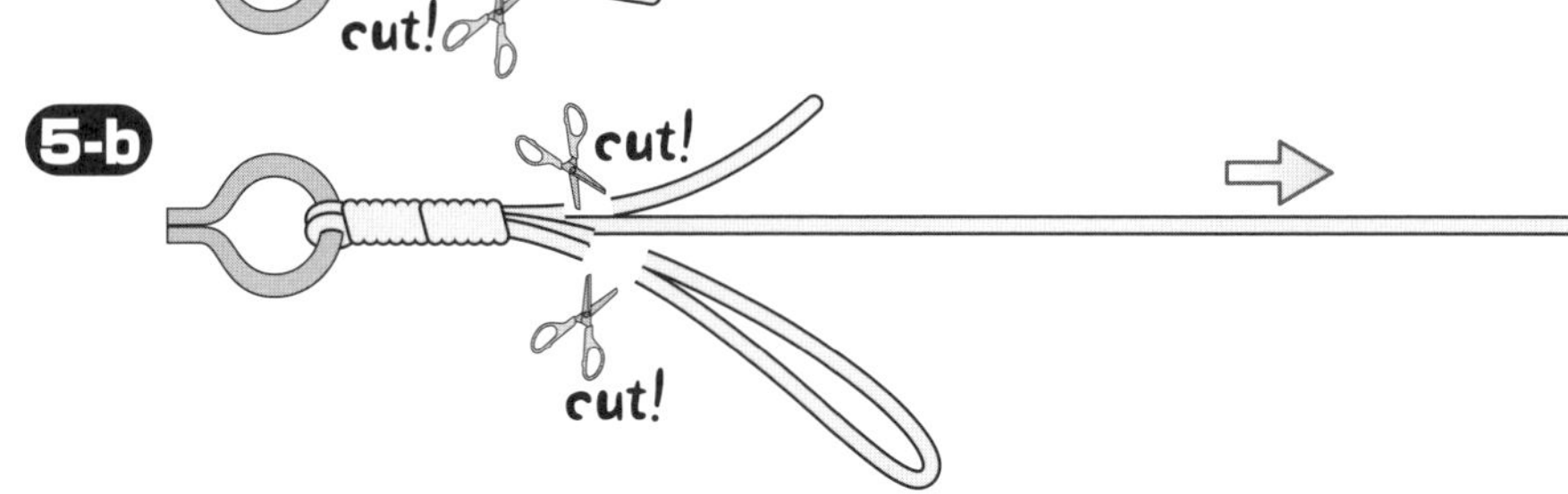

スモラバ&ジグヘッドリグ

20年以上変わらない威力「マイクロピッチシェイク」

「誰でもできる」に今さら疑問が……

90度アイのスモラバやジグヘッドをティップから真下に落とし、中層に吊り下げた状態で細かく一点シェイクして食わせるマイクロピッチシェイク。僕はこの釣りの特化した食わせ能力をソルティースラッガーのジグヘッドやハンハンジグで味わってから四半世紀近くやっているわけですが、いまだにどのフィールドでも効果があります。

足もとに落とすだけなのでキャストスキルやベイトフィネスタックルがなかった中高生のころの僕にもできた釣りです。だから、これまで何度も自信をもって雑誌等で紹介してきました。「誰でもできます」と。ところが、取材していただいた編集部員やライターさん、カメラマンさんからは、「誰でもは言いすぎ。そんなに細かいシェイクはできる人のほうが少ないよ」とよく言われてきました。が、慣れだと思うけどな～と真に受けていませんでした。

ただ、本当にそうなのかも、と思う部分もあるんです。紹介してから20年以上が経過して、そのわりには未だに食わせの最終手段の座は揺るがない。この釣りを徹底してやり込んだからこそ身についた感覚で釣っている自覚もあります。それは細かいシェイクを一定のリズムで刻めるかどうかだけではなく、一点での誘いゆえに、バスの目の前でやらなければ効果がない。すなわちバスの居所をピンポイントで絞り込めること。真下で誘う超接近戦なので、こちらの存在を悟られない近づき方。フォールのバリエーション。バスの目線の上で誘ってこそラインやフックを見られないので、ステイさせる深さの感覚。バイトがなくとも「ここには居るはずだ」と小刻みに入れ直し、バスを根負けさせる粘りどころの見極め、など。誰にでもできるし釣果も得られやすい反面、奥深さもあるからこそずっと釣らせ続けてくれています。

ハンハンジグ（常吉）
90度アイを備えたスモラバの元祖。ルアーパワーを実感できた名品のひとつで、真冬に入れ食いを体験。カバーにベイトタックルでMPSをやるようになったキッカケ

10年以上経っても効いてるよ！ 写真は2005年12月2日、霞ヶ浦に流れ込む新川での釣果

すべての技術は個人のオリジナル

どんなルアーやリグ、テクニックも、広まってやる人が増えれば、バスがそれを見慣れることで威力は落ちていきます。まったく新しいルアーが発売になったり、リグやテクニックが考案されたりした直後はもの凄い釣果があがったのに、時を経て定番化すると爆発的な釣果は望めなくなっていきます。

ルアーに関しては、毎年毎月トンデモナイ数の新製品が店頭に並ぶなかで、定番と呼ばれるように

なるのはごくひと握り。ですから、威力が落ちていく過程を体験できるだけでもそれはそれで凄いことです。そういうルアーは、TPOを間違わなければ、ピークを過ぎても最盛期に迫る釣果に結びつくこともあります。

では、テクニックはどうかというと、瞬間的な爆発力は新ジャンルのルアーやリグには及ばないけれど、効果が持続する傾向があります。本当のところは「誰にでも」ではないからでしょう。

自分のことを考えても、たとえば前出のオリキンと同じルアーを同じタックルで操っても、彼には敵わない釣りがあります。それはパワーフィネスで、僕はオリキンのようにはピンスポットにバンバン撃ち込めません。長年この釣りをやり込んで身体に染みついたキャストスキルは一朝一夕で身につくものではないからです。同じことはルアーの操作でも起こります。傍目には同じ場所で同じことをやっているように見えても、ルアーも同じように動いていても、釣果にはなぜか差がつく。ニュアンスやイメージといった文章でも動画でも説明不能の本当に細かい部分……、それが「なぜか」の答えであり、真の技術なのだと僕は考えます。

この考えを突き詰めると、ここで取り上げているマイクロピッチシェイクも、僕がやれば僕の技であり、違う人がやればその人の技というように、すべてがオリジナルの技術と言えるのではないでしょうか。だから、こうしていくつかの釣り方を紹介しますが、「川村光太郎はこう書いてたけど、自分はこうしたほうがよく釣れる」というのは当たり前に起こることです。解釈の仕方が違うだけで、結果としてやっていることが同じになる、ということもあるでしょう。本書をキッカケに、釣果と成功体験を重ねて、ご自身のオリジナルを手に入れていただけたら幸いです。

スタッド4in（ギャンブラー）

MPSの超初期から使っているトレーラー。3inサイズもあるが4inのテールの長さとアクションが素晴らしく、ボディーを短く切ってセットしている。ノンルトで浮力があり、90度アイのジグと組み合わせることで水中で水平姿勢をキープ。MPSとの相性は最高で、テールの微細な震えは小魚にもエビにも見える

MPS用コンパクトジグ（自作）

至近距離からのアワセと抜き上げに耐えるフック強度と、水平姿勢で誘える90度アイのジグが必要で、FINAのジグヘッド「ラウンドヘッドタイプ1/8oz」をベースに自作していた。カバーの中まで撃てるようにブラシガードを刺して、シュッと閉じてパッとフレアする細めで弾力のあるシリコンラバーを巻いていた

BOTTOM UP!

MPSは［90度アイ］のジグで!

水中で吊り下げたとき、MPSではジグもトレーラーも水平姿勢をキープしてくれることがとにかく大事。ジグはラウンドかセミフットボールヘッドで、重心がアイの真下にあることが条件になる。目安は［90度アイ］を備えていることだが、トレーラーに高比重ワームを選んでしまうと尻下がりの姿勢になってしまう。実際に使用するトレーラーと組み合わせて、水中姿勢をチェックしよう。

それと、結び目が前にズレてしまっても尻下がりの姿勢になるので、必ず真上にくるように締め込み、ズレたら直す。結び目がズレにくいノットがベター。オススメはパロマーノットかダブルユニノットだ。

「マイクロピッチシェイク＝真冬だけの技」ではない

マイクロピッチシェイク（以下MPS）は、2004年のクリスマスに開催された第1回オカッパリオールスタークラシックのウイニングメソッドとして脚光を浴びました。そのときのインパクトのせいで、長らく誤解されていたように思います。「マイクロピッチシェイク＝低水温期の技」と。

MPSが冬のバスに効果的な要素を備えているのは事実です。一点シェイクだから横にエサを追いにくい冬バスに効く。そもそも冬に有効な釣り方は多くないので、シャッドやメタルバイブ、ダウンショットとセットでほぼ必ずMPSの出番がある。難しい状況で最も安定して釣らせてくれたのがスモラバのMPSだったことも事実なので、低水温期の技というイメージがついたのでしょう。

けれど、事実は違います。MPSはハイプレッシャー全般に効果を発揮するテクニックです。ここを理解したうえで上手く使っていただければ、きっと＋αの釣果に繋がると思います。

黒部川（利根川の支流）の岸際に設置されているスノコ状の消波板。ほかのフィールドではお目に掛かったことがない珍ストラクチャーだが、少なくとも2004年の冬はMPSで釣れまくっていた

ラインの存在をバスに気取られない

僕のオカッパリがそもそもシャローに特化したスタイルなので、MPSでねらうレンジも深くて1m程度までです。けれど、水深1mにいるバスをねらうとして、スモラバやジグヘッドを1mまで沈めることはほとんどしません。厳寒期に動けないバスがターゲットの場合も、最初から1m沈めるのではなく、バスよりも上のレンジでシェイクを始めて、「バスがもう少し深いところにいるからバイトがないのかも」と感じたときだけ、ジグを下のレンジに落として探っていきます。

MPSの基本は、「バスの目線よりも上で誘う」ことです。

こうすれば、バスから見えるのはジグとトレーラーの腹だけで、バスにラインやフックの存在を見せずに済みます。とくにライン。スレたバスはラインの危険性を学習しています。ちょっと横道に逸れますが、「自発的アクション」が効くのは「ラインに引っ張られずにルアーが動いている」からです。ラインが見えていても、動くルアーとの関連性が薄そうなら、賢いバスも反応してしまう。MPSのメリットはその上。ジグとバスとの位置関係から、ラインを見られないことのメリットは絶大です。

「被さりモノ」を利用すればトップウォーターにもバスが出る

MPSは、僕が「被さりモノ」と呼ぶカバーと好相性です。まず、バスはカバーの下に潜むことを好みます。とくに浅いところの魚は上に対する警戒心が強いからです。そのカバーはアングラーにとっても都合がよく、そーっと近づけば、バスからこちらを発見されにくい。MPSは超接近戦なので、カバーがあってこそ成立する釣りと言うことができます。

被さりモノは、植物でも人工物でも何でもかまいません。ひとつ、こういうカバーが最高！という条件を挙げれば、水中まで枝や茎

BOTTOM UP!

タックルは［軽く］支える

僕はMPSを一日やっても疲れません。タックルを持つにもシェイクするにも力んでいないからです。ワンフィンガーであれば、親指と人差し指と小指の3点で支え、ツーフィンガーやスリーフィンガーであればすべての指で支えてはいるが、ギュッとは握り込まず、手の中に遊びがあるくらい軽く持つ。この状態で手を震わせ「ラインテンションを張る・ゆるめる」を高速で繰り返す。ティップの振り幅は1～2㎝ほど。細かく、一定のリズムでのシェイクすることがコツです。

アタリは押さえ込むような感触と同時にティップが入るが、コンパクトでハリ先が上を向いているスモラバなら即アワセで上アゴに掛かる。ネコリグは少し食い込ませたほうがスッポ抜けを防げる。

【ベイトタックルの場合】

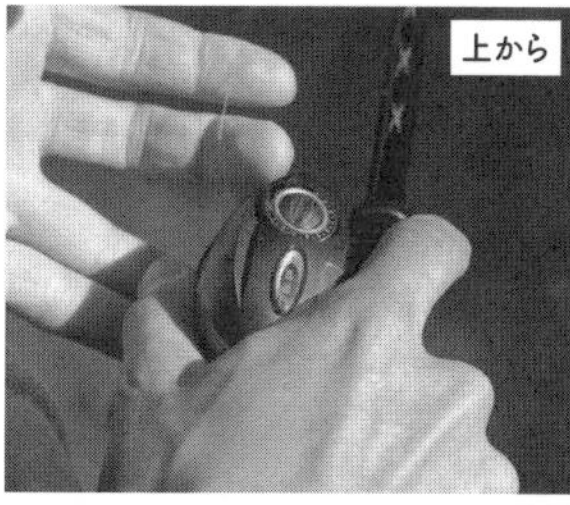

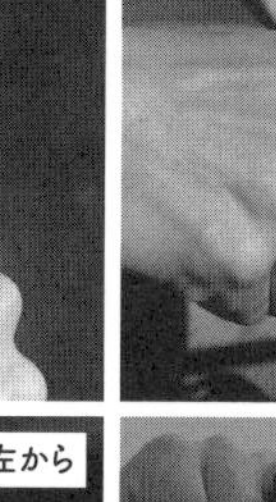

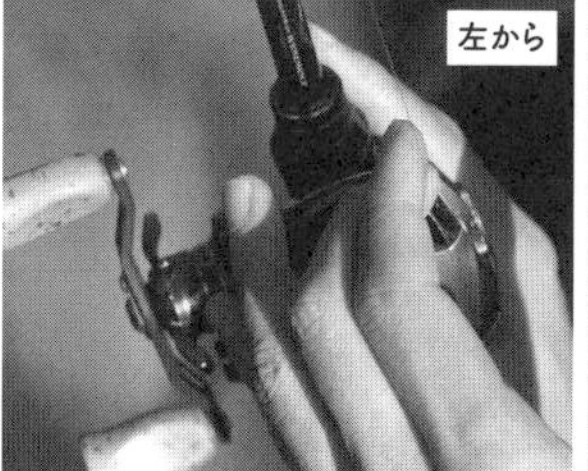

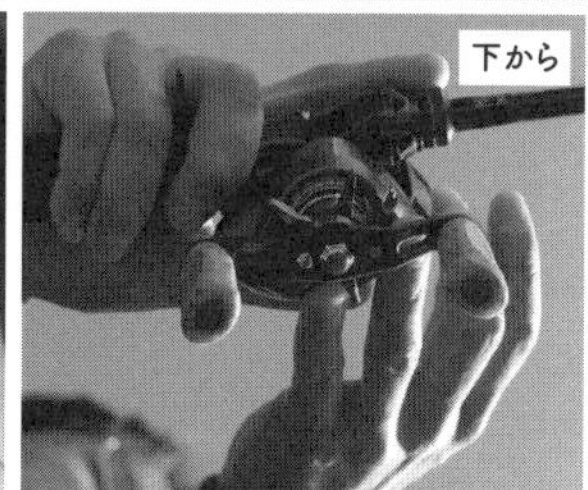

【スピニングタックルの場合】

人指し指をフロントグリップに沿わせ、ベイトタックルと同じくロッドを軽く握り、細かく手を震わせる。一点での誘いゆえにリールを巻かないので、指をラインに掛けておくとより感度がアップする

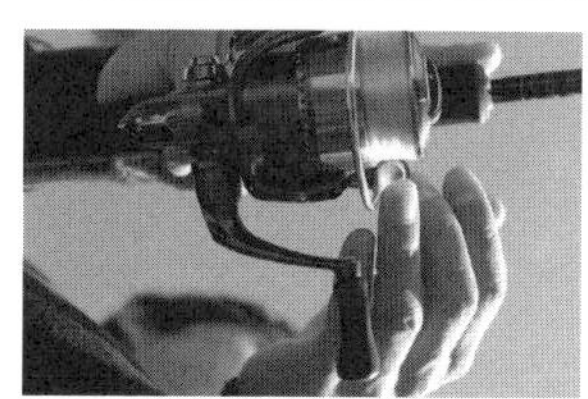

［被さりモノ］の定番、水面に倒れ込んだアシ。こうした被さりモノは水面直下にバスを浮かせる恰好のカバーだ。隙間をねらって落としていくことで、より多くのバイトを得られる

バスの目線より上でジグなどを操作することで、バスにラインの存在を気取られにくい。冬専用と思われがちなMPSだが、ハイプレッシャーなバス全般に効果がある

や根っこが伸びている被さりモノ。規模は大きすぎないほうがバスに気づいてもらいやすいです。

そうしたMPSに最高のカバーを見つけたら、僕はまず20～30㎝しか沈めずカバー直下でスモラバやスナッグレスネコリグをシェイクします。水面に接している濃いカバーは、直下にバスが浮きやすいからです。着水直前に勢いを止め、しがみついていたエビがフワッと落ちてきたように静かに入水させます。基本はフリーで落としてピタッと止めてパッとフレアさせてリアクション効果を出しますが、臆病なバスにはシェイクしながらジワ～っと落としたほうがイイこともあります。

アタリは明確。フッキングは「即アワセ」が基本

MPSは中層一点シェイクです。ジグなどのポジションをキープしてシェイクし続けているぶんには、手もとの感覚は一定で変化ナシ。逆にいえば、ちょっとした違和感などのすべての変化が、何かしらの生き物からのサインということ。時にはバスが食いかけて吐いた違和感すら察知することができる唯一の釣り方です。

小さく軽いスモラバなら、バスが吸い込んだら高確率で口の中に入ります。ハフッと吸われたことで「ムッ」と押さえ込まれる感触＝アタリで、即アワセを入れます。ハリ先が上を向いている状態で即アワセが決まれば、ほぼ100％上アゴに掛かります。MPSにスモラバを使う場合、食い込ませようと間を置くことに意味はありません。疑いながら食ったバスは違和感を覚えるや吐き出すし、口の中で転がしても掛かりどころが悪くなる確率が高まるだけです。

MPSのこのメリットを生かすために、アングラーがぜひ会得したいのは「一定のリズムで細かくシェイクし続けられる」ことです。弱々しく震えながらそこに居続けるエサに、バスは心（口）を開くのですから。

リアクション要素

MPSは基本的には食わせの技術です。けれど、そんな釣りにもリアクションの要素はあります。

［シェイクは最長10秒まで］

シェイクタイムは感覚で見切りをつけていましたが、自分の映像を見ていると長くて10秒くらい。それ以上のロングシェイクをしたから食うというものでもないのです。興味を示しても、一回見切ったバスはそれっきり。ところがいったん逃がして近くに入れ直すとエサが来たかとまた軽くスイッチが入る。繰り返すうちにバスのテンションが上がっていくことも。ひたすらロングシェイクをするくらいなら、入れ直したほうが間違いなく食うし、ちょっと入れる位置を変えるだけで気づいてくれる可能性もある。とはいっても入れて簡単に食うバスが相手の釣りではないので、最低でも5秒以上はシェイクしたほうがいい。5秒以上10秒未満、そして小刻みに入れ直す。これで多くのバスを食わせています。

［入れ直し］

ここからがMPSのリアクション要素です。シェイクし続けてバイトがなくても、そこにバスがいないとはかぎりません。イメージとしては、水中に入れたジグにバスが反応して食おうかどうか……、や〜めた、みたいな感じです。食うのをやめたバスの近くで最長10秒間、ジグがピピピと震え続けています。

けれど、いったん食うのをやめてしまったバスが、思い直してやっぱり食うことは非常に稀です。それを期待するくらいなら、いったんピックアップしてしまって、落とす位置をわずかにズラしてルアーを入れ直

違和感を捉えて即アワセを入れれば、高確率で上アゴのイイところにハリ掛かりするのもMPSの特長だ

2015年の秋（10月6・7日）に開催された第7回オカッパリオールスターで勝利！ 10年以上の時を超えて、またも霞ヶ浦でのMPSがキーになった。一年のプレッシャーがフィールドに蓄積する秋が、実は最もMPSの効果を実感しやすい季節。コレにしか反応しないバスは確実にいる

したほうが、もう一度、バスに軽くスイッチを入れることができます。「やっぱり食べよう」よりも「あ、行っちゃった……、また来た。今度は食べてみよう」のほうが起こりやすいわけです。同じ20秒間シェイクするなら、1回で20秒間続けてシェイクするよりも、2、3度に分けて7～10秒間ずつシェイクしたほうが、バスを反応させることができます。これは経験上、絶対と断言できることです。

［段階落とし］

水面直下を含む浅いレンジで誘うことが多いMPSですが、水深が深い場合ではバスがルアーに気づいていなかったり、活性的に浮いてこない場合もあるので、段階的にレンジを下げて誘ってみるのも手です。

まずは水深30㎝くらいで誘ってみたけれどバイトがない。もうちょっと深いのかな……とレンジを下げる。このときもバスを刺激するチャンスとして使います。

次にねらうのが水深60㎝だとしたら、ルアーをもう30㎝ほど沈めるわけですが、このとき、スプールの回転でゆっくり落とし込んでいくのではなく、ロッドティップを下げるかラインをスプールから引き出してシュッとフリーフォールさせます。

スモラバであれば、スピーディーに沈むときスカートは一瞬すぼまり、30㎝落ちてトンと止まって、スカートがパッと広がる。スピードの緩急にシルエットの変化でハッとさせ、直後の弱々しい誘いで食わせてしまう合わせ技です。

しかし、自分に向かってくるルアーにビックリして逃げてしまう臆病なバスもいます。そんな雰囲気を察したら、細かくシェイクしながらゆっくりとロッドティップを下げていき、じわ～っとバスの視界に入れていきます。こちらから一気に距離を詰めるのではなく、バスのほうがルアーに気づいて浮いてきてくれるように。この誘い方は通称［振り落とし］。1投により時間はかかってしまいますが、これで食わせられるバスがいるのも事実です。

BOTTOM UP!

ジグのレンジを下げるときも リアクション効果をプラス

MPSは基本的に食わせの技術だが、釣果を伸ばすには［入れ直し］やこの［段階落とし］などのリアクション効果がある操作を積極的に取り入れたい。

［段階落とし］は、ジグのレンジを下げるときの操作。ティップをスパッと下げることでジグを目的のレンジまで一気に沈める。このときジグのスカートが一瞬すぼまったあと、目的にのレンジにトン！　と止まり、スカートがパッと広がる。スピードの緩急とジグの形状変化でバスにスイッチを入れる。

中層を釣るうえにラインを1mも出していないことが多いMPSではバイトは明確に手もとに伝わる。アタリは、軽く押さえ込まれるような感触が多いが、食っても動かない「違和感」として表われることも。「ン!?」と思ったら真上に即アワセを入れてみよう

ジグ04シンクロ（O.S.P）

水平姿勢で誘える90度ラインアイ、必要な強度を備えたフック、そしてガード付きと、MPSに必要な条件を備えたスモラバ。トレーラーはスタッド4in

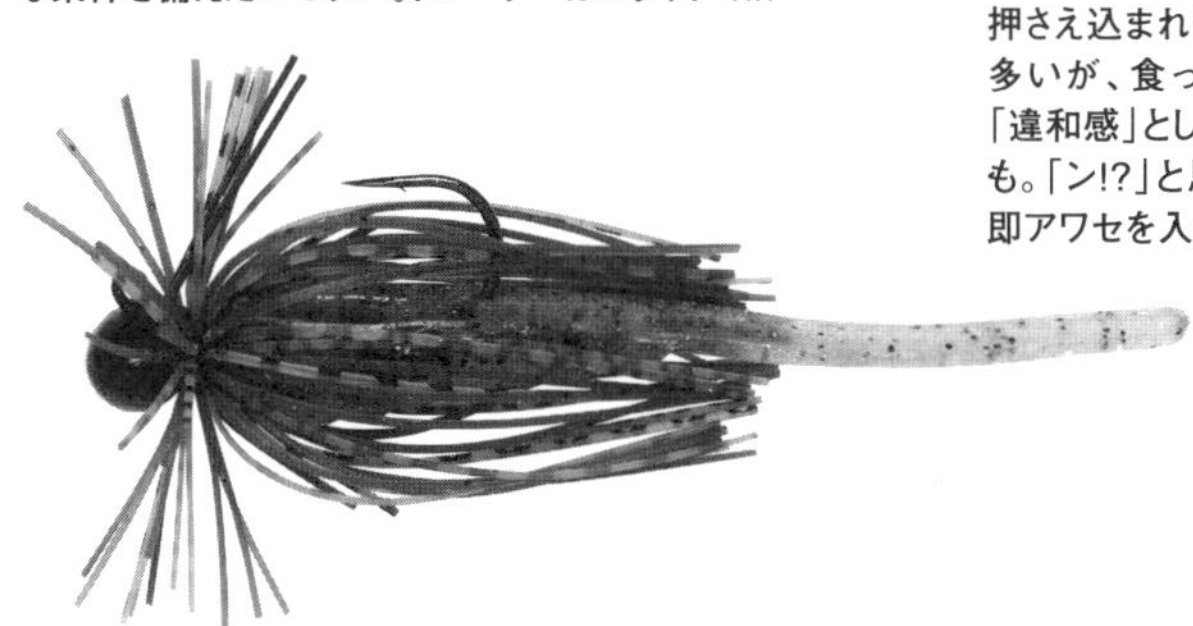

ネコリグ

フィネスにカバーを攻略する［スナッグレス］という新機能

パワフルかつフィネス

　オカッパリならではの「ゼロ距離」が生きるルアー・テクニックということで、本章はスモラバのマイクロピッチシェイクの話から入りました。しかし現在、僕がオカッパリで最も使用頻度が高いのは間違いなくネコリグです。このリグはボート、オカッパリを問わず、最も多くのアングラーに使われているリグかもしれません。

　よく使われているということは、よく釣れるからにほかなりません。ネコリグがこれほど支持されている理由を僕なりに考えると、このリグには釣れる要素がこれでもかと詰まっているからだと思います。

　ネコリグに使われることが多いのはストレートワームです。では、同じストレートワームをテキサスリグで使ったときと、ネコリグで使ったときとを比べてみましょう。

　まずは「ボトムでの姿勢」。ネコリグではワームはテールを持ち上げた姿勢になり、シェイクするとくねるようなアクションが出ます。この姿勢やアクションは、テキサスリグでも高浮力なワームを使えば再現できます。けれど、それはあくまでも「見た目のアクション」に限ったことです。

　次に「水の透明度への対応力」。これはネコリグのほうが幅広い透明度に対応できます。とくに水が濁ったときやマッディーウォーターでの釣果は、ネコリグがテキサスリグを圧倒します（同じストレートワームを使うことが前提です）。

　テキサスリグとネコリグで何が違うかといえば、「水押し」です。ストレートワームを使っても、ネコリグはリグの構造そのものに水を押す機能が備わっています。この「水をグリップするパワー」によって、より多くの魚を振り向かせて、食わせてしまうことができる。リグはパワフルだけれど、使うワームはフィネスなので食わせが利く。これがネコリグ最大のメリットです。

　ほかにもメリットがあります。水をグリップする力が強いということは、使うアングラーにしてみれば「引き感」が得やすいということです。ライトリグだからといって細いラインとスピニングタックルでしか扱いにくいということはありません。たとえば5inストレートワームの2gテキサスリグに、ミディアムヘビーパワーのロッドと16Lbラインを組み合わせたら、操作感はまったく得られません。けれど、このタックルでも、5inストレートワームの2gネコリグなら、水中にあるリグの操作感は得られます。それくらいリグとして持っているパワーに差がある。リグの構造が備えているパワーを比較すると、テキサスがライト級だとしたら、ネコリグはアングラーの操作によって幅広い階級のパワーを使い分けることができます。

アクションの支点（フック）がワームの中ほどにあるため、その前後のボディーがアクションを加えることで水を強く押す（この水押しはアクションによって加減できる）。見た目がローインパクトなストレートワームで、パワフルに水を押せることが、ネコリグ最大の特徴だ

「ブレーバーのネコリグは着底したら3秒待って！」

ブレーバーは、テールアクションによってフォール中のバイトを増やすことを目的に開発。そのため、フォール中に食ってはこなかったとしても、中層から追ってきて、ボトムに追い込んでから食うことも。着底したらすぐにはロッドワークでアクションをつけずに、ボトムで立っていたワームが倒れ込むまで3秒待ってみよう。たるんだラインが走りだすバイトが出るはず

ベイトフィネスの登場とNSSフックの完成

僕はバスフィッシング歴30年以上のなかで、たぶん世に存在するすべてリグの旬な時代を体験してきました。バスフィッシングを始めたころはテキサスとジグヘッド。それからスプリットショットが自分の釣りの大半を占める時代があって、そのころに数が釣れるようになりました。スプリットショットからの派生でライト〜ヘビーのキャロライナリグを覚えて、やがてダウンショットが出てきた初期に入れ食いを味わって、ネコリグが登場したのはそのあと。ノーシンカーに関しては、瞬間的なピークはぼんやりしていますが、4inグラブのグラビンバズやスラッゴーのトゥイッチ、ファットイカやドライブスティック4.5inのバックスライドなど、ノーシンカーと好相性の画期的ソフトベイトが登場するたびにイイ思いをしてきました。

そうしたなかでネコリグの存在はかなり異質です。時代が移り変わって、バスの個体数が減り、プレッシャーがキツくなっても、釣れ続けている期間が長かったのです。そして、そうこうしている間に沢村幸弘さんがベイトフィネスの潮流を生み、それをキッカケにベイトリールのスプールレスポンスが飛躍的に向上。その流れに、NSSフック（FINA）によるスナッグレスネコの流れが交わって、このリグの汎用性はますます高まりました。誤解を恐れずに書けば、シャローのオカッパリに関してはスナッグレスネコでワームリグの釣りの大部分をカバーできてしまうのが現状です。

カバーを撃てるネコリグの威力

NSSフックを手掛ける以前、僕は海外モデルの既製品をチューンして1年間くらい自分だけでネコリグのカバー撃ちを楽しんでいました。そのときに感じたのが「カバーには、テキサスリグやジグに反応しない魚がこんなにいたんだ！」ということでした。

長年釣り込んでいるフィールドでは、「この時期にこの状況でカバーを撃ったら、これくらい釣れる」ということが経験的にわかります。スナッグレスネコの釣果は、テキサスやジグが基準のそうした予想を遥かに超えました。比較的食わせやすいとされるカバーの魚も、既存のカバー用ルアーにはこんなにスレていたのか……、と。

テキサスやジグでも実績が高いカバーは、ネコリグを入れればまず食いました。前述のとおりパワーがあるリグですので、アクションをつけることで周囲のバスも寄せ、細身のシルエットで確実に口を使わせられていることを実感できる釣果でした。

ガード付きマスバリタイプを使用したネコリグでは、撃ち込むことはできても、回収時に高確率で根掛かりしていたブッシュ。スナッグレス化によって、こうしたカバーに潜むバスもネコリグのターゲットになった

ブレーバー（ボトムアップ）

ネコリグでのさらなる釣果アップのために開発したワーム。目指したのは従来のストレートワームが苦手とした「フォール中のアピール」を強化して、着水から着底までの間のバイトを増やすこと。ファイト中にちぎれにくい素材強度、小型シャッドテールのバイブレーションが全身に伝わるバランス、ボトムを小突くときのアクションに生命感を与えるヘッド側の張り（リブの深さ）、匂い、重め（太め）のネイルシンカーが挿入可能な直径など、釣るための機能と使い勝手のよさを徹底的に追究した。5.7inと5inの2サイズを展開。NSSフックの推奨サイズは5.7inが#2/0、5inが#1/0

BOTTOM UP!

[シェイク引き]や[カーブフォール]も有効!

カバーを撃つのと同じリグで、オープンウォーターやこうした狭い水路でのサイトフィッシングもできてしまう万能性がスナッグレスネコの持ち味だ。また、このリグはマスバリタイプの縦刺しのように、引いたときにバイブレーションする。シェイクしながら引けば横方向の動きでバスを誘うこともできる。水深がある水門の内壁などを探るときは、着水させたらラインを送り込まずにシェイクしながらカーブフォールさせ、着底したらリフトアップ（このときもバイブレーションする）またカーブフォール、この操作で幅広いレンジをいっぺんにチェックしてしまえる。

初めてのフィールドに。エリアの新規開拓にも

「カバーを撃てる」ことは、僕のオカッパリにおいて非常に重要な機能です。本書の冒頭のほうで大森貴洋さんのようなワンタックル理論が自分にとってもベスト、というようなことを書きましたが、実際のところボートとオカッパリではその意味が大きく違ってきます。「少ない種類のタックルをいろいろと使い回せたほうが便利」なボートフィッシングに対して、オカッパリでは「持ち歩くタックルがワンセットで済めば機動力が大きく向上する」からです。

そして、できることなら、ルアーを結び替える手間と時間も省き、ルアーまで含めてワンタックルですべてをこなしてしまいたい。カバーを撃てて、ボトムでも誘えて、中層をスイミングでチェックできて、サイトフィッシングでも使える。そんなルアーがあれば、テンポよくハイペースで釣っていくことができます。

スナッグレスネコを考案する以前、僕にとってそういうルアーは「ゼロスリー・ハンツ+ドライブクロー3in」でした。けれど、フィールドのタフ化が進むなかで、この組み合わせでも釣りこぼしが多くなってきたと感じていたのです。

なぜ、ワンルアー・ワンタックルに僕がここまでこだわるかといえば、取材や対戦の下見で短時間で広範囲をチェックしなければならないことや、初めて訪れるフィールドを釣る機会が多いからです。これは第1章で「場所」について書いた内容と重なってきます。ここだけは絶対にチェックしようと決めておいた場所を重点的に回るにしても、フィールドが広かったり、現地へ行ってみたら往来の迷惑にならない駐車スペースを探すのに時間が掛かったりして、なかなか思うようにはチェックがはかどりません。夏場となれば小河川や水路の最上流を転々としなければなりませんし、エリアの新規開拓をしたい時期でもあります。

■バスがいるのかいないのかわからない場所を釣ることが多い。

■常に時間が足りない。

BOTTOM UP!

NSSフックとストレートフックの共通点

NSS フックは、見た目はマスバリタイプですが、機能的にはストレートフックと共通する部分が多いフックです。写真の位置からフックをヘッド側（ネイルシンカー側）にズラしていってみると……、ワームへのセットの仕方からしてストレートフックの変化形だということがわかっていただけるかと。

NSS とストレートフックに共通する特徴のひとつが、「バスの口の奥に、ぶ厚く掛かりやすい」ことです。これは、ラインを引っ張ったときに、ラインの向きとハリ先の向かう方向が大きく異なるためです。オカッパリでは魚を掛けたら抜き上げるしかない状況も多い。その点でも深くガッチリ掛かる NSS は実用的なフックということができます。

一方でこの NSS やストレートフックには、使いこなすためのコツがあります。ぶ厚く掛かってくれる代わりに、フッキングパワーを要するということです。軟らかすぎるロッドや弱いアワセでは充分に威力を発揮してくれません。

ロッドのパワーはミディアムが基準、ライン強度はリグの操作性も考慮して僕はフロロの10～12 Lb を使うことが多いです。瞬間的にバチン! とアワせるのはラインブレイクの元ですので、ラインスラックをしっかり巻き取り、バスの重みを感じつつ、ロッドをバットまでぐいッ! と曲げてアワせてください。

瞬間的にバチン！ とアワせるのはラインブレイクの元なのでNGだ。ロッドにしっかり加重してぐいッ！ とアワせよう。フッキングの手応えが充分ならNSSフックはそうそうバレない

こうした状況で僕は、コンパクトジグよりも時代にマッチして、より多くのバスを反応させられる万能ルアーを求めていました。その答えがスナッグレスネコだったわけです。

なんというか、この「業務用」な感じは読者の皆様とは無関係な気がして申し訳ないのですが、「エリアの新規開拓」は楽しいうえに、新しい場所を見つけてしまえば今後も釣果が見込める財産となるので、ぜひスナッグレスネコを開拓のお供にしてみてください。

新規開拓はバス探しであり、バスを探すといえばスピナーベイトやクランクベイトといったサーチベイトの役割のように思われるかもしれません。しかし、本当に初めてのフィールドやエリアを釣るとき、アングラーがバスの存在を確実に知るには、実際に釣ってみるしかありません。そうしたときに釣りこぼしが多いルアーでサーチすると、本当はバスがいたとしても、釣れなかったアングラーは「いない」と判断せざるを得なくなります。そんなモッタイナイことを避けて楽しく釣るために、パワフルかつフィネスで芸達者なスナッグレスネコは非常に便利なリグです。

テキサスリグ

手数重視の状況に強い 対カバーで「抜けのよさNo.1」のリグ

スナッグレスネコの登場でメリットと出番がより明確に

テキサスは、スナッグレスネコを使うようになってから僕のなかでは出番が減ったリグです。使うのは、シンプルにカバーを撃つとき、テキサスリグでも食うときです。テキサスがほかのリグに勝るのは、カバーからの抜けのよさ。それが生きるのは、より密度が高いヘビーカバーをねらうときです。

正直、現在のフィールドの状況を考えると、カバー撃ちが有効な状況でも、スナッグレスネコのほうが食わせられるバスは多いです。ただ、シンプルにカバーに落とすだけでバイトが得られるようなときや、テキサスリグでなければ攻めきれないヘビーカバーでは、食わせよりも手数を重視して、より多くのカバーを早いテンポで撃っていったほうが、トータルの釣果が伸びることはあります。

テキサスに使用するソフトベイトは、定番のクロー・ホッグ系、カバーに滑り込ませやすいフリッピンチューブ、ベイトフィッシュライクに誘えるスティックベイトなどです。

ひと冬を越して釣り場のプレッシャーがリセットされた早春のシャローや、雨後の増水で水に浸ったカバーなど、バスの活性が高いことが予想される状況がある。そんなときは、カバーからの抜けがよく、手数を増やせるテキサスリグも選択肢に入れたい

テキサスリグについてネガティブなことも書いたけれど、このリグだからこそのメリットは健在だし、何より使ってみれば釣れる。3月初旬の霞ヶ浦で「落ちパク」!!

「ドライブクロー」

一番使用頻度が高いのはやっぱりドライブクロー。発売からもう10年になりますが、いま見ても、相変わらず動きがイイ。フォールでしっかりアピールしてくれますし、ただツメがバタバタするだけではなく、ロールしながらスイングする。細い足は微振動し、フォールスピードを抑えて食われやすくしている。

「ドライブスティック6in」

ドライブスティックは、テキサスリグには4.5inと6inを使います。シンカーは5～7gで、これをシンカーストッパーでワームにベタ付けします。ドライブスティックは高比重ですが、この重いワームに軽めのシンカーを組むと、斜め45～60度くらいの姿勢で下を向いて落ちていく。テールを震わせながら、時おりヒラを打ったりしつつスライドフォールするようすはバスから逃げているみたい。

経験的にこのアクションは、水質がキレイなリザーバーなどでのカバー撃ちに有効です。切れ込むようなイレギュラーフォールにバスがよく反応しますし、クリアウォーターは視界が利くのでバスが見失うことなく追って食うことができます。

水がクリアなフィールドのバスは、小魚系のエサを食べている傾向があるので、シルエット的にもドライブスティックがマッチしている。そしてスピーディーなイレギュラーフォールはクリアウォーターでも見切られにくい。

ドライブスティック6inはシリーズ最大のサイズなので、大きさに尻込みされる方もいるかもしれません。けれど、この釣りには6inがオススメ。スライドフォールと同時に身をくねらせる動きが最も魅力的に出るのが6inだからです。

4.5inにサイズダウンすることがあるのは、食い渋ったときと、枝ぶりが細かくて濃いブッシュなどを撃つとき。6inの長さのせいで、枝に当たってしまって奥へ撃ち込めないときは4.5inを3.5～5gのテキサスリグに組んでバランスを取ります。

ドライブクロー3in (O.S.P)
+DASオフセット#1/0 (FINA)
+バザーズワームシンカーTG/NEWバレット3.5g (ダイワ)

テキサスはリグの構造にパワーがないため、水押しでアピールしたいときはソフトベイトにパワーが必要になる。長所はカバーに入れやすいこと、そしてそれ以上にカバーが抜きやすいこと。硬く尖ったバレットシンカーが先頭にくるため、回収にストレスがなく、手数を増やすことができる

「ビッグボーイチューブ」

ビッグボーイチューブを使うのは、テキサスリグのメリットを最大限に生かしたいときです。バルキーチューブには、カバーに入れたり抜いてきたりするときに引っ掛かるパーツがいっさいありません。チューブワームのなかでも肉薄で軽い物は、ヘビータックルでは投げにくいのでカバー撃ちには使いません。ワームの軽さを補うためにシンカーを重くすると、そこに重心が集中してしまって水面を滑りにくく（スキッピングしにくく）なります。ビッグボーイチューブは高比重素材・肉厚ボディーで、3.5～5gシンカーと組んでもロングピッチングができます。また、高いスキッピング性能が得られます。カバー撃ちに特化したテキサスリグの長所を際立たせる

ソフトベイトと言えます。

もう一点、ビッグボーイチューブの気に入っているところは、他のバルキーチューブよりスカートが長めなこと。これにより、スカートをビリビリとなびかせながらフォールし、ロッド操作で誘ったときのアクションもしなやかです。

総じてすり抜けに特化させたワームほどアクションが犠牲になるものですが、このワームはバイトを誘発する能力も高い。この塩が混入されたザラザラとした質感のスカートは互いに張り付きにくく、ハンドカットの具合もイイ感じです。注意点は、ボディー目いっぱいのワイドゲイプフックと合わせないとすっぽ抜けやすいこと。スカートの切れ目からフックを入れ、ハリ先だけで固定するのがコツです。

ドライブスティック6in（O.S.P）
+DASオフセット#5/0（FINA）
+バザーズワームシンカーTG/NEWバレット5g（ダイワ）

※シンカーはストッパーを用いてソフトベイトにベタ付けして一体化させる

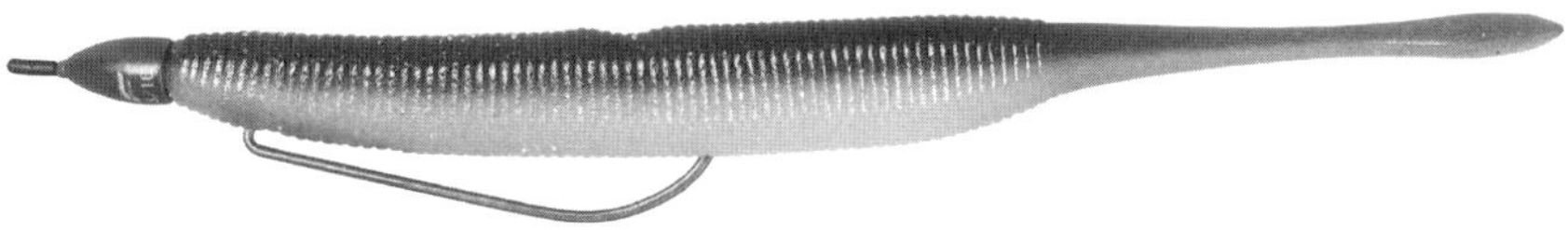

メタルジグにも似た、切れ込むようなイレギュラーフォール（視覚的アピール）がクリアウォーターのバスに効く。追われて逃げるベイトフィッシュのイメージだ

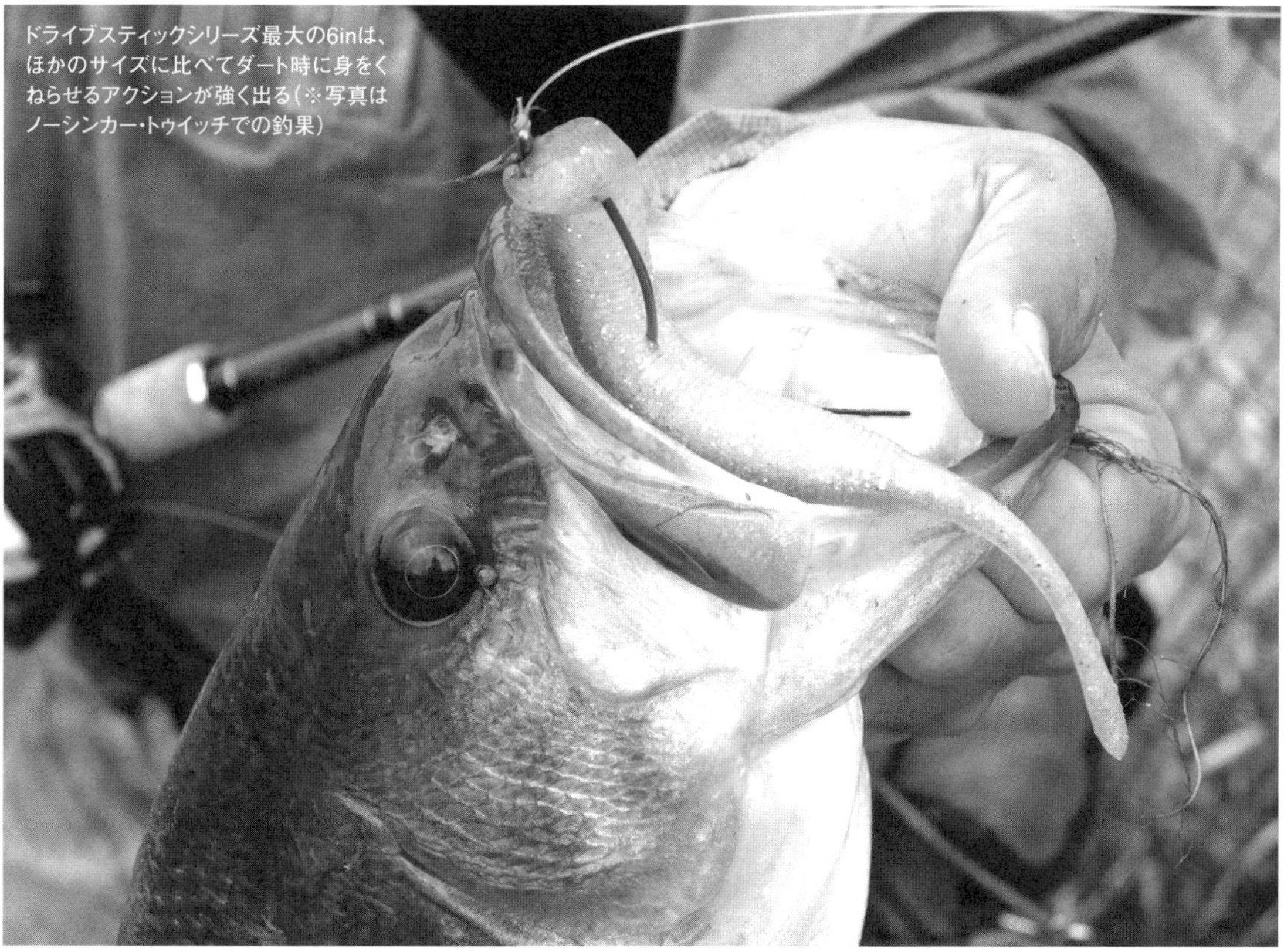

ドライブスティックシリーズ最大の6inは、ほかのサイズに比べてダート時に身をくねらせるアクションが強く出る（※写真はノーシンカー・トゥイッチでの釣果）

春の氷雨

季語から外れた表現になるが、その日、春の北浦は氷のように冷たい雨に霞んでいた。気温は一日中ひと桁台、水温はそれより高くて12℃だった。しかし、この取材の3日前には16℃だった水温が、2日前の冷たい大雨によって一気に下がり、当日の冷え込みでさらに下降中……、そんな12℃だった。

当時の川村光大郎は、現在とは違って北浦の地理に明るくなかった。釣れるエリアを知らなかったということではない。それ以前の話で、この取材中に迷子になったほど道に不案内だった。北浦を釣るのはこのときが4、5回目で、頼れるのは目から入ってくる情報のみという状況。

「これだけ濁ってて水位が高かったら、シャローカバーのインサイドを撃つしかないでしょう」と川村。水が澄んでいても水位が低くても、「見えるモノを撃つ」以外の選択肢を当時の川村は北浦ではほとんど持っていなかったように思うのだが、ともかくそういうねらいで釣りをスタートした。

テキサスリグの独壇場

増水は、シャローを目指す春のバスの行動を後押しするプラス材料だ。

濁りは、バスをモノにタイトに付かせる要素。バスの視界が利きにくくなるが、アングラーとしてはねらいどころをカバーに絞りやすくなるため、釣り方によっては大きなプラスになる。

冷え込みと水温の低下は……、これはもう完全にアウトのレベルだと記者は思った。

そんな記者の予想とは裏腹に、そして川村自身の予想にも大きく反して、光大郎は釣りまくった。

まだ水温が高かった2日前の大雨のタイミングでシャローに差していたのか、現在進行形の水温低下をものともせず、今まさに増水中のシャローへ差してきていたのかは定かでないが、このときの北浦のシャローカバーにはバスが集中していた。間違いなく言えるのは、これがこの春一発目にバスがシャローへ大挙して動いたタイミングだったということだ。トーナメントレイクである北浦はこの手の情報には事欠かない。シャローはこの取材の直近まで冬の眠りから目覚めていなかったのだ。

「濁っていてバスの視界が悪いときは、いつもより小刻みに撃つようにしてます」

「水深20cm、普段は陸のとこで食ってきましたよ！」

「カバーに入りたての魚は釣りやすいんです。居着きと違ってプレッシャーが掛かってないから。それに、シャローに差してきたバスはやる気があります」

この日の川村は、正味5時間未満で1325投して、テキサスリグ（ドライブクロー3in）で9尾、フラットサイドクランク（HPFクランク・スペック2）で1尾の計10尾をキャッチ。「5時間」には小走りで移動した時間やリグを作り直す時間、撮影時間なども含まれているため、「1投の平均時間14秒」はあくまでも目安だ。ルアー別にデータを取っていなかったことが悔やまれるが、テキサス

【テキサスリグの手数が好釣果に結びついた例】

雨景・北浦　川村光大郎の1325投

編集部＝文　※月刊『Basser』No.198より

［取材時データ］　取材日●2008年4月8日　場所●茨城県・北浦

実釣時間●5時45分～11時45分／13時45分～16時15分（計9時間から車での大きな移動や休憩の時間を引いて、釣りと小移動をしていたのは正味5時間）

天候●雨

風●北東2.9m（平均）

気温●最低8.3℃／最高9.6℃（鹿嶋市）

水温●12℃（前々日の冷たい大雨で16℃から下降中）

水位●平時＋30cm

水質●強い濁り

釣果●47cm・1670gを頭に10尾

［キャストしたルアーと釣果の内訳］

●5gテキサスリグ…………1,000投で9尾

●5gラバージグ…………200投

●フラットサイドクランク…………100投で1尾

●1投の平均時間…………14秒

リグだけに絞れば1投5秒程度だったろう（プレゼンテーションの内訳はフリッピング7割、ピッチング2.5割、キャスティング0.5割）。

これに対してラバージグも200投ほどしたのだが、カバーへのスムーズな侵入と回収時の抜けのよさではテキサスリグに敵わない。ジグが上手くカバーの隙間へ入らずに、回収して投げ直すこともテキサスリグに比べれば多かった。フラットサイドクランクでは沖のハードボトムをねらい、フルキャストして根掛からないよう慎重に巻いたので、1投に30秒前後は掛かっていた。テキサスリグが釣果でも手数でも他を圧倒した。

「特別なことはしてません。フツーですよ、フツー」

「簡単に釣れる（状態の）魚を釣ってるだけです」

当時はこれらの言葉を聞いて「ンなわけないだろ！」「ヒミツは何だ!?」と思ったものだが、スナッグレスネコの登場によって、テキサスリグがよりカバー攻略に特化した存在となった今なら、わかる。シャローカバーが激アツな状況で、数多くのチャンスを漏らさず撃ちきるためのリグ。それがテキサスのオカッパリにおける現在の存在意義なのだろう。

サウスキャロライナリグ

「サーチと食わせを高次元で両立できる」これからのオカッパリで最も可能性を感じるリグ

休日のオカッパリにおけるサーチベイトの現実

サウスキャロライナリグ（以下キャロ）とスプリットショットリグは、今こそ見直すべきリグだと思っています。キャロは、エリアサーチと食わせの能力を最もバランスよく備えているリグだからです。

横方向に手っとり早く探りたいとき、思いつくのはスピナーベイトやクランクベイト、そしてバイブレーションだと思います。けれど、サーチを目的として使うハードベイトは、プレッシャーや天候、時間帯などの影響を受けます。要は、効く状況がそう多くない。

これがボートフィッシングならエリアを贅沢に使えるのでハードベイトの出番が一気に増えるのですが、休日のオカッパリでは明らかに減ります（サイトフィッシングでの特殊な使い方を除きます。あくまでもサーチベイトとして使った場合）。オカッパリでは、場所は入れ替わり立ち替わりになりますし、その時に先行者がいなかったとしても、例の「立ち位置やルアーがよく通るコースにバスが警戒する」といった目に見えないプレッシャーも加わってくるからです。

こうなってくるとやはりフィネスのほうが強い。けれど、展開が遅い。ネコリグは万能ですが、特化したリグではないぶん、やはり遅いと感じます。

その点キャロは、遠投して横方向に速めに引いてきてもイイ動きを出すことができます。バスの目の前を通せれば充分食わせられるくらい質の高いアクションと、広範囲をスピーディーにチェックできる効率のよさをキャロは兼ね備えています。各種ハードベイトよりも食わせの能力が高く、バスの状態やその他の条件を選ばない。そしてほかのリグに比べれば、キャロのサーチ能力はダントツです。

ラインテンションはキャロにお任せ

キャロとほかのリグとで大きく異なるのは、キャロは「ラインを張れる」ところです。正確に書けば、シンカーがボトムに着いている状態なら、手もとからシンカーまでのメインラインを張ってしまっても、バスの食いに大きな悪影響は及ぼしません。これがキャロの構造的特徴です。

キャロでは、メインラインを張っても、食わせにおいて重要なリーダーから先は常にゆるめておくことができます。しかも、それほど気を遣わずなくても。ほかのリグでは遠投した先でアタリを感じたいからといってラインを張ってしまうと、ソフトベイトが動いてしまいます。また、食わせるときはラインのテンションを抜くことが大事なのに、アタリを感じよう、ボトムの変化を感知しようとすれ

シンカーがボトムに着いている状態なら、手もとからシンカーまでのラインは張ってしまっても構わないのがキャロの構造的特徴。ラインテンションに気を遣わなくても食わせの機能を発揮してくれて、広い範囲をスピーディーにチェックすることができる

ばするほど、ラインが張ってしまいがちです。

しかしキャロなら、ピッ！ピッ！と動かして止めて、メインラインを張ってアタリを聞いている状態でも、リーダーから先は食わせられる状態になっています。

多くのリグに共通していえることですが、アクションをつけてバスを誘って、アタリはその間に出ることが多い。そのときワームの近くのラインはたるめておかなければならないので、食わせどころでバイトを出すときは、意識的にラインを送ったり、たるめたりしなければなりません。テキサスでもダウンショットでもノーシンカーでもネコリグでもそうです。

こうしたラインテンションのコントロールは、ねらいどころが明確であれば集中して続けることも可能です。が、遠投して広範囲をスピーディーに探るなかで、ずっとラインテンションに気を遣っているのは正直キツい。ラインを3回結ぶのが面倒でも、結果的にキャロの力を借りたほうが速いし早いし、釣れます。

写真は2007年開催の第5回オカッパリオールスターでのひとコマ。順番待ち(?)のアングラーがいたほど超人気の水門前で、ふと試してみようと思いついたのがかつて中高生時代にお世話になったキャロだった

キャロは広範囲をサーチするリグだが、セッティングしだいでは足もとをバーチカルに釣るときも威力を発揮してくれる。写真の45cm・1590gはワンスポットで小型のバスを2連発したあと、同じ場所で立て続けに食ってきた。ヒットルアーはクロステールシャッド（ジャッカル）

スピードトリック

そしてキャロでもうひとつイイのが、「スピードトリック」を仕掛けてリアクション的にもバイトさせられること。キャロはスピードの緩急をつけるのもお手の物です。

縦にロッドをシャクってシンカーを持ち上げると、ワームはシンカーを追ってヒュッと上へ泳ぎ、リーダーの長さに制限されて突っ張るようなダートアクションをする。その後はノーシンカー状態になりますから、ふわっとしたアクションに切り替わる。こうした2段階、3段階の魅力的なアクションが、キャロではロッドをシャクるだけで引き出せるわけです。

またキャロには、セッティング（おもにリーダーの長さ）を変えることで「重視したいアクションを強調できる」という便利な点もあります。

■ロングリーダー→ワームの漂うような動き重視。食わせのノーシンカーをボトムでやるイメージ。

■ショートリーダー→ワームのダートアクションを重視。ソフトジャークベイトをボトムでやるイメージ。

リーダーの長さに加えて、シンカーの重さでもアクションが変わってきます（ダウンヒルで操作するときはとくに）。重いシンカーではワームがクイックに動き、軽いシンカーではワームがゆるやかに動きます。先ほどと同じことの繰り返しになりますが、セッティングを変える手間さえ惜しまなければ、キャロはアングラーの意図に忠実な動きをしてくれるリグといえます。

バーチカル・リアクションキャロ

キャロが苦手なのは、カバーの中や際へのピンスポットキャストくらいです。そこを補う意味でスナッグレスネコと併用すれば、ワーミング全般の完成度がかなり高まる。自分も含めて、キャロはもっともっと使われていいリグです。

キャロでやってやれないことはない、けれどダウンショットリグのほうが得意なのがサイトフィッシングです。バスの口の位置が見えてわかっていて、そこにしっかり落としたい。その口もとでスピードトリックを仕掛けたいときは、コントロールが利くダウンショットに分があります。

一方、サイトでバスの口もとをねらうほどピンのピンではないけれど、「この辺りで食わせたい」というくらいスポットが絞り込めている場合は、キャロを真下に落とし込んで、バーチカルにシャクリを繰り返すメソッドが効果を発揮します。水門の周辺！ というようなロケーションです。

アングラーは1ヵ所でシャクリを繰り返すだけですが、水中ではリーダーの長さの分だけワームが立体的に動いています。これは使用するワームしだいですが、上下だけでなく、左右にも跳びはねさせることができます。

イメージするのは、不規則でスピーディーなダートアクションを演出することで、バスの興味は惹くけれど、そう簡単には食わせないよ、という「焦らし」です。こうして1ヵ所でのシャクリの効果範囲を広げることも可能です。

BOTTOM UP!

[バーチカル・リアクションキャロ]

ワンストロークを2トゥイッチの要領でシャクリ上げ、身をくねらせながらワームが頂点に達してから急降下。シンカーが着底したあとも勢いあまってダートし、最後はふわ〜っと勢いを失う。バイトはワームが漂っているこの一瞬の間に多く、次のシャクリのときに重みが乗っているので追いアワセを入れる。シャクリからステイまでを1セットとして、これをワンスポットで数セット行なう

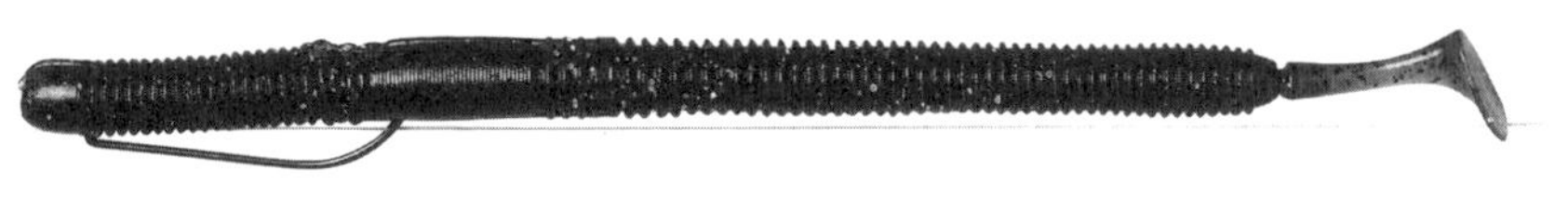

【01／リーダー60cm＋シンカー1/8oz】

遠距離でも軽い力でシンカーを跳ね上げるためのライトキャロ。中層にワームを浮かせたあとのふわっとしたナチュラルさで食わせるのが得意。また、跳ね上げたシンカーをカーブフォールさせれば、ブレーバー5inのテールアクションによって広範囲のサーチと食わせをバランスよくこなす。キャロの横引きとシャッドテールワームは相性が抜群。スピニングタックルで使用する。メインライン、リーダーともに4～5Lb（そのときリールに巻いているラインをリーダーに使う。理想はメイン5Lb、リーダー4Lb）

【02／リーダー15～20cm or 30cm＋シンカー3/16oz】

足もとでシャクるバーチカル・リアクションキャロ用。しやなかに身をくねらせるT.D.ソルティースラッガー（ダイワ）に、ロッドワークでリアクション要素を加える「ナチュラルリアクション」の典型的釣法。リーダーの長さに合わせて15～20cm鋭くシャクリ上げたあと、シンカーとワームの着底を待って次のシャクリを入れる。リーダーを30cmほど取り、キャストしてジャークベイトのように2トゥイッチ&1ポーズで使うことも。スピニングタックルで使用する

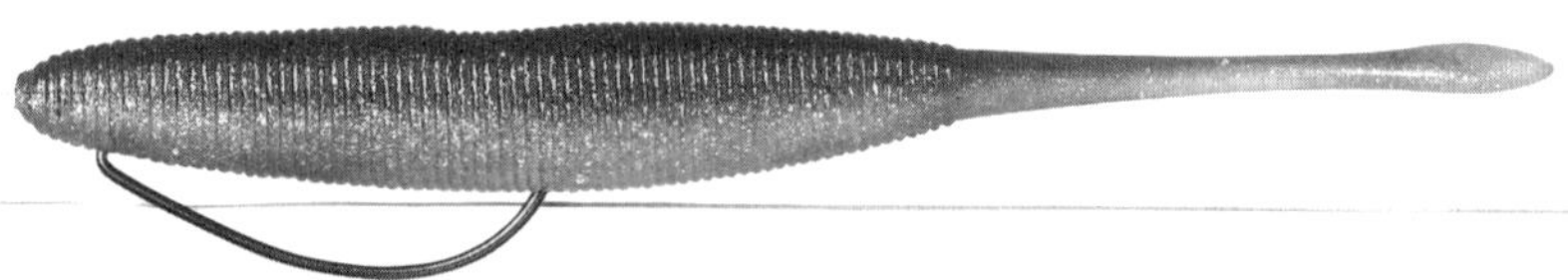

【03／リーダー40cm＋シンカー3/8oz】

やや短めのリーダーと重めのシンカーに、ダートアクションを得意とするドライブスティック4.5inを組み合わせたリアクション重視のセッティング。ピンテール系は抵抗になるパーツがないのでダートにスピードが出る。釣れるピンテール系の特徴は、スピーディーなダートに生命感のある動き（ボディーのひねりやテールの震え）が入ること。ベイトタックルで使用する。メインライン、リーダーともに12～14Lb（そのときリールに巻いているラインを使う。理想はメイン12Lb、リーダー10Lb）

2017年6月に19年ぶりにW.B.S.グランドチャンピオンシップへ。ゲストとして呼んでいただいたけれど、大昔のこととはいえ、ここはかつて本気で釣りをした場所。エントリーフィーを払ってガチで釣らせてもらった

BOTTOM UP!

キャロは[シンカーを浮かせる]ことが大事

キャロはベイトでもスピニングでも扱えるリグですが、スピニングタックル限定の使い方があります。それは「軽いシンカーで広範囲をサーチする」場合です。現在の優れたベイトタックルでも、5gシンカーのライトキャロはさすがに遠投できません。じゃあシンカーを10gにすればイイかというと、そうもいかないのです。

シンカーを10gにすればベイトでも遠投できるようにはなります。けれど、遠投した先で10gシンカーを跳ね上げようとすると、かなり強く、大きくシャクらなければなりません。

僕がキャロで重視しているのは［シンカーを浮かせること］です。バーチカルにシャクる場合はもちろん、横に引いて使うときも、シンカーを浮かせることを大事にしています。ワームはシンカーの後ろを付いていきますので、シンカーを浮かせないと、ワームはシンカーが通ったあとのボトムをズルズルと付いていくだけになります。ワームが中層に浮くからこそ、バスに発見されやすくなってサーチベイトとしての機能が向上しますし、フォールで食わせることも可能になります。キャロでは引いている最中よりもシンカー着底後のワームが漂っているときに食ってくることが多い。つまり、キャロによるサーチも食わせも［シンカーを浮かせる］ことから始まるんです。

話をシンカーのウエイトに戻すと、遠投した先で10gシンカーを持ち上げようとしたら強いシャクリが必要になりますが、5gなら横方向に引くだけで浮いてくれます。そうすると無防備に泳ぐ小魚のように誘いつつ、ふわ～っとした食わせの間も与えられるわけです。

浮かせたシンカーの落とし方は2通りあります。カーブフォールとフリーフォールです。よりスピーディーに探りたいならカーブフォール。シンカーをスッと持ち上げたあと、ラインテンションを抜いてストンと真下に落とす（フリーフォールする）と、カーブフォールよりも移動距離を抑えて誘うことができます。

ノーシンカーのような食わせの間を取りたいならフリーフォール、パパッと引いてきたいならカーブフォール、ということもできます。こう書くといかにもフリーフォールのほうが食いそうですが、僕はキャロにサーチベイトとしての機能も求めていますし、バスが小魚のような横の動きに強く反応する状況も珍しくありません。

キャロ本来の使い方で1335gをキャッチ！　ひさしぶりのグラチャンでウエイインできたうえに、107名のなかで勝ててしまったのは出来すぎ。ヒットルアーはビビビバグ（一誠）だった

景色はほぼ昔のままだったが、釣りを始めてみると水中はすっかり様変わりしていた。埋まって浅くなっていたり、かつてお世話になったハンプも感じられない。ライトキャロをじっくりズル引いて、湖底をサーチし直し、ボトムの小さな変化を捉えてさらにじっくり誘うと……、食った！

バックスライドリグ（ドライブスティック）

「アングラーから遠ざかる」ことで釣果に近づく 自発的アクションを備えるフォールベイト

3つの「特効薬」

これまで僕は、「これはルアーパワーのおかげで釣れている！」という体験を何度もしてきました。スモラバやダウンショットが登場したときの初期反応や、自分でデザインしたワームや考案したリグ（すなわち誰よりも早く実践投入している）のエグい釣れ方を経験しているからです。それまでバスが見たこともないようなアクションや機能を備えたルアーが登場すると、スレッからしのはずのバスが、本能むき出しの好反応をそのルアーに示すのです。それはバスの学習能力の高さの裏返しでもあり、アングラーやルアー開発者とバスとの知恵比べに終わりがないことを示しているようにも思います。

なかでも、ルアーやリグの完成によって「そこにいるバスを根こそぎ釣ることができている！」という衝撃を受けたアイテムが3つあります。いずれも自分が携わっているので手前味噌ではありますけれど。

■ドライブクロー（テキサスリグ）
■ドライブスティック（バックスライドリグ）
■NSSフック（スナッグレスネコリグ）

テキサスに関してはリグそのものの使用頻度が下がっていますが、ドライブクローの出来には今でも胸を張れます。

スナッグレスネコに関しては、前述のとおり僕の現在の主力です。パワフルな水押しで存在をアピールでき、食い渋ったバスでもフィネスなシルエットで食わせることができる。波動と見た目のギャップが効果的なこのネコリグを、カバー撃ちでストレスなく使えてしまうスナッグレスネコは釣れて当然のリグといえます。

そして、順番としてはスナッグレスネコと前後しますが、バックスライドも強烈なパワーを感じさせてくれたリグのひとつです。これがほかのふたつと違うのは、偶然の産物であること。頭からオフセットフックを刺したノーシンカーでフォールさせると手前へ泳ぎ進んでくるので、逆からフックを刺したらバックスライドしないかなァ？と試してみ

ドライブスティック4.5in（O.S.P）+FPPストレート#3/0（FINA）

フックをセットする際は、まずはソフトベイトにフックを当てがってみて完成形をイメージする。あとはそのイメージのままの角度でフックを刺していく

風や波があるときは、ドライブスティックの腹部に1/45oz（0.5g）のネイルシンカーをボディーと平行に挿入すると、自発的アクションを殺さず扱いやすくなる。ただし、ヘッド寄り（写真では左寄り）の位置に挿入してしまうと、フォール姿勢が頭下がりになってスライド幅が狭くなるので注意

［フックのマッチングリスト］

■ドライブスティック3.5in……ワーム252＃2/0（キーパーを自作／FINA）
■ドライブスティック6in……バザーズワームフックSSパワーストレート＃5/0（キーパーを自作／ダイワ）
■ドライブスティックファット4.5in……バザーズワームフックSSパワーストレート＃4/0（キーパーを自作／ダイワ）

たら、トンデモナクいい動きをともなってバックスライドしてしまったという……。バスの反応を劇的に変える、こんな「特効薬」のようなルアーやリグをまた生み出したいものです。

ドライブスティックとバックスライドの融合

ノーシンカーの一種であるバックスライドリグは、ドライブスティックの発売以前から存在していましたし、僕もしこたま釣らせてもらってきました。では、なぜドライブスティックのバックスライドがスペシャルだったかといえば……。

■エビにも小魚にも見える細身のシルエット

■水平に近いフォール姿勢でしっかりバックスライドすること

■ただスライドするだけでなく、生命感のあるロールアクションやテールアクションをともなうこと

■ワームの中ほどにフックアイがくるワッキースタイルのセッティングでもあるので、トゥイッチするとキックバックアクションを起こすこと（その後のスライドフォールも含めてエビに非常によく似たアクションを演出できること）

こうした、それまでのバックスライドベイトにはなかった特徴を備えていることで、ドライブスティックのバックスライドリグは爆発的に釣れました。が、そもそも「バックスライド」自体の威力も相当なものです。

① スキッピングではねじ込めない、水面下にあるエグレの奥にも侵入させられる

② 目標物に正対して撃つ場合、その際へ超タイトに落とせる（ルアーが手前に寄って来ないどころか奥へ進むので）

③ ルアーが泳ぎ進む方向にアングラーがいない

①と②はすぐに実感できるバックスライドの機能ですが、③も強烈です。

多くのルアーは、ラインを引くことで泳いだりアクションしたりします。つまり、ルアーが泳いでいく先ではアングラーがラインを引っ張っている。けれど、バックスライドの場合は逆で、ルアーがラインを引っ張っていきます。当然、ルアーが進む先にアングラーはいません。

クリアウォーターで見えバスをねらってみると、この効果は明らかです。バスの意識をアングラーがいないほうへ向けられるので、バスにしてみればルアーとアングラーとの関連性が低くなり、口を使いやすくなるのです。

見えないマッディーウォーターの中でも同じようなことが起きています。アングラーは水が濁っていてバスが見えないと油断しがちですが、水中のバスは陸上のアングラーの存在を認識していることもあるはず。そしてアングラーは、バスにしてみれば「いつものようにルアーを投げる」わけですが、そのルアーが泳ぎ進む方向が、「いつもの立ち位置のほうへ向かわない」のがバックスライドリグです。

バックスライドリグは登場してからけっこう経つので、バスもそれなりに学習してはいますが、まだ対カバーでしか使っていないアングラーが多いように思います。つまり③の理屈を知らなくても、投げるだけでアドバンテージがある釣れるリグですので、「対カバー」の先入観を捨てて使ってみてください。

BOTTOM UP!

ロッドのパワーは［ミディアムヘビー］以上で

使用するフックがストレートタイプですし、カバーに絡めて使うことが多いリグでもありますので、ノーシンカーといえどロッドのパワーはミディアムヘビーを推奨します。ラインはフロロカーボン12～14Lbが基準です（ただし3.5inはベイトフィネスタックル）。ラインをゆるめた状態でフォールさせ、ラインの動きを目で追って、ラインが勢いを増して引きずり込まれたり、異なる方向へ走りだしたら食っています。

ダウンショットリグ

「点を釣る」ことに特化しつつ食わせもリアクションもこなす

「緩急を生かせる」のはキャロと共通

ダウンショットは、実はキャロに近いリグだと僕は思っています。違うのは、キャロが横方向に強いのに対して、ダウンショットは縦方向に強いこと。どちらのリグも横にも縦にも使えるのですが、ダウンショットは縦が得意。それも、「点を釣るためのリグ」として特化した使い方をしたときに最も威力を発揮します。キャロとダウンショットが近いリグだと思うのは、いずれもソフトベイトの緩急を生かしやすいところです。

ダウンショットリグ（常吉リグ）が出てきたのは、僕が中学3年生か高校1年生のころだったと思います。村上晴彦さんが発表してすぐ、まだ周りで使っている人がほとんどいなかったころに試して、こんなに釣れるもんなんだ!! と驚きました。当時はバスがいそうなところに落としてシェイクすれば簡単に釣れました。

けれど今は、ダウンショットを使うことはめっきり減りました。汎用性が高いスナッグレスネコに頼っているからです。冬は出番が増えます。それに対してキャロは、冬は使いません。キャロはバスが横にエサを終える時期に、サーチも兼ねて使うとメリットの多いリグだからです。

冬のバスが活発にエサを追い回して捕食することは稀です。バスは変温動物ですから水温と連動して体温も下がり、代謝が落ちると省エネモードになります。お腹が減らないのであまり食べなくても済むわけです。冬眠はしないにしても、冬のバスは半分寝ているような状態が基本で、光量の変化などの刺激や、タマヅメにブロックやオダの隙間からエビやゴリが出てきたときにここぞとエサを食べているように思います。

また、冬のバスは射程も短いので、「バスの口もとで誘う」必要があります。リアクションといえば緩急、そして口もとという点での誘いが求められるので、冬はダウンショットの出番が増えるというわけです。

リーダーとシンカーの役割

ダウンショットのリグとしての特徴は捨てイト（以下リーダー）によってソフトベイトをボトムから浮かせられること。ソフトベイトがボトムに埋もれてしまい、バスに発見されない状態にはまずなりません。消波ブロックやゴロタの隙間にシンカーが落ちてしまうようなロケーションでも、それらの高さに応じた長さのリーダーを組んでおけばソフトベイトは中層

［リアクション釣法用］

ドライブクロー2in (O.S.P)／ショートリーダー

スピニングタックルでの使用がメイン。リーダーの長さは、障害物の隙間などをねらう場合は10cmほどでシンカーは1.8〜2.7gを使う。ボトムの一点で小さく鋭く跳ねさせ、シンカー着底直後は1秒ほど食わせの間を与える

T.D.ソルティースラッガー(ダイワ)

昔から愛しすぎていて、この本にも何度も登場するソルティースラッガーだが、20年も前のストックをここゾというときに大切に大切に使いつつ、中古釣具店での出会いに期待しているのが現状。初代が廃盤になったあと、一度別の素材で復刻されたが、その二代目は好みではなかった。現在ダイワが、初代の質感や浮力、シェイプなどを全面的に再現しようとしている。三代目に超期待!

に浮かせることができます。

また、シンカーをアンカーのようにボトムの一点に止め置いたまま、一ヵ所で誘い続けたり、移動させずにさまざまな技を駆使したりすることもできます。これはダウンショットのオーソドックスな使い方のひとつ。かつての僕はそれにマッチしたソフトベイトを選んでいました。ノンソルトやハンドポワード製で浮力があり、ステイ中も水平姿勢を保ってくれる物、各種ミニチューブやエコギアストレート、ボディーシャッド(ロボワーム)、TDソルティースラッガー(ダイワ)など。イメージとしては、シンカーでボトムを取った状態でマイクロピッチシェイクをやる感じです。ねらうスポットの真上から落とし込める状況ならジグやジグヘッドで事足りますが、ちょっと投げた先でもマイクロピッチシェイクをするためにダウンショットをリグっていました。

そこからイメージが膨らんで、普通の使い方をすることが減り、今は2タイプに落ち着いています。

冬は半分寝ているような状態のバスが相手なので、最初のフォールで食ってくることは稀。1度シャクって気がついて、2度シャクって気になって、3度シャクって食えそうかも? 4度シャクってはむッというイメージ。だから1ヵ所で最低5回はシャクってみて

リアクション釣法

ひとつはリアクション的な使い方です。タックルはおもにスピニング。シンカーは1.8~2.7gで、リーダーは10cm前後と短めです。

使用するソフトベイトはTDソルティースラッガーとドライブクロー2inです。このふたつに操作の違いはありません。ただし、冬はドライブクロー2in指定、サイトではベイトフィネスタックルによるヘビダンでTDソルティースラッガー指定です。

操作は縦のシャクリ。チョンチョンチョンチョン……と一本調子にシェイクするのではなく、チョン! チョン! チョン! と短く鋭くシャクり、必ずワンテンポ間を空けます。シンカーを跳ね上げる高さは10~20cm。高く跳ねさせるのではなく、「バスの口もとで鋭く何度も上下させる」ことが大事です。

この操作をすると、ソフトベイトはヒュッと落ちて、シンカーがボトムにトンッと着いた瞬間にビクッと震える。そこからシンカーに引っ張られる力から解放されたソフトベイトが軽くダートフォールする。ドライブクロー2inの場合は「ダート」は言いすぎかもしれません。「フォールの軌道が横へ逸れる」くらいですが、このときの一瞬の漂い中にバイトが集中します。

ドライブクロー2inは、これほど小さいのにパタパタしっかり動く。ほかにない、代用が利かないアイテムです。パタパタアクションのONとOFFの切り替わりがこの釣り方で効果を発揮します。

もう一方のTDソルティースラッガーは、やわらかくクネりながらダートします。が、ショートリーダーですので、リーダーの長さの分だけダートしたあとは、ビクッ!とつんのめり勢いを失います。サイトフィッシングでは、この「ビクッ!」の直後にバスがバイトするのを何度も目にしています。

冬の水中を想像する

リアクション釣法が最も威力を発揮するのは冬です。イメージするのは半分眠っているようなバス。そういう魚がいそうなところにリグを落としたら、「1ヵ所で最低5回」小さく鋭くシャクります。

リグを上下させて、バスの口もとで小さいモノがパタパタ、ヒュッ、プルッ、パタパタ、ヒュッ、プルッ……、とやっていると、バスの目がだんだん覚めてくるイメージ。1回目のシャクリにバイトしてくることはほぼないです。これなら食えると思うのか、だんだんテンションが上がってくるのか、3、4回目に食うことが多い。10回シャクって釣ったことはありません。そこまでしつこく時間を費やすなら、場所をわずかにズラして入れ直したほうがいいのはマイクロピッチシェイクと同じ。というわけで「1ヵ所で最低5回」、まァ6回シャクっておけば釣りこぼしがないのかなと。

バスは、シンカーが着底してから次にシャクり上げるまでの間に食ってくることが多いので、次のシャクリが軽いアワセになってグッとロッドに重みが乗ります。ロッドをそのまま立てることで追いアワセします。アタリを感じてアワせるのではなく、ある意味オートマチックに掛かるので、アワセはとくに難しくありません。

深いところで ノーシンカー的に食わせる

僕がやるもうひとつのダウンショットはワッキースタイル。ノーシンカーワッキーをボトム付近で操るイメージです。

それなりに水深がある場所の杭や水門、ハードボトム、消波ブロックの隙間などで、「どうやらバスはボトム付近にいるらしい」「ワッキーを落としたら食うだろうなァ」「けどノーシンカーを底まで沈めるのはかったるいなァ」となったときがワッキー・ダウンショットの出番。単純な話です。

スローフォールと自発的くねくねクロールアクションで食わせたいので、リーダーは長めになります。短くても20㎝、長いときは40

「一定のリズムを保って小刻みにラインテンションを張ったりゆるめたりする」のがシェイク。それに対してシャクリは「鋭く短くシンカーを跳ね上げ、食わせの間を入れる」操作。その後のシンカーの動きやワームのアクションもイメージして、緩急をつけよう。そのためのシャクリだ

[ワッキー・ダウンショット]

ブレーバー5.7in（ボトムアップ）／ロングリーダー

ベイトフィネスタックルならシンカーは3.5〜5g、フックはパワーワッキーガード#4。スピニングタックルならシンカー0.9〜1.8g、フックはフィネスワッキーガード#4

シンカー着底後の自発的クロールアクションでボトム付近にいるバスに食わせるのがねらい。なので、「ラインテンションを完全に抜いて落とすこと」「シンカーが着底してもワームがボトムに着くまでラインを張らないこと」がとにかく大事だ

cmで組むことも。使い方も簡単です。アングラーがやることは、フリーフォールさせてシンカーが着底したら、ラインを張らずにそのまま置いておくだけ。シンカーに引っ張られたワッキーはプルプル震えながら落ちていき、シンカーがボトムに着いたあとはリーダーの長さの分だけスローフォール＆自発的くねくねアクションで勝手にバスを誘ってくれます。

　ワームもボトムに着いたあとは、シェイクしたりヒュッと持ち上げて落とし直したりしてもイイですけれど、この釣りでは一発目のフォールからワームの着底までが最大のチャンスですので、軽く誘って食わなければ速やかにピックアップして次のスポットに落としていったほうが釣果が伸びます。

　応用として、リーダー1cmほどの超ショートダウンショットにすることも。この場合のイメージはジグヘッドワッキー。フォールからシェイクでのアクションはほぼ同じ効果がありつつ、ボトムからワームがごくわずかに浮く、というのがミソ。ボトムをシェイクしながらズル引くときに効果があります。ボトムに堆積物が多いとジグヘッドワッキーではワームが埋もれてしまったり、フックが頻繁に落ち葉などを拾ってバイトチャンスをロスしてしまう。わずかに浮かせることで泥を適度に掻きつつもワームは魅力的にアピールしてくれます。また、超ショートリーダーゆえ狭い隙間や岸際にタイトに撃ち込むのにも向く、とても使える仕様です。

BOTTOM UP!

ストレートワームは派手に動くほどイイの？

　ブレーバーの本体はストレートワームですので、この部分の基本性能をとことん追い込みました。簡単に言えば、抜きん出て大きくイキイキと動きます。クビレからテールをカットしたストレート仕様にてノーシンカーワッキーでフォールさせると「くねくねくね」というより「ピコッピコッピコッ」とエッジの立ったクロールアクションをします。

　が!!　これは足もとや水槽で動きを見た場合のこと。ラインの抵抗が少なかったり、波風がなかったり、言ってみれば一番よく動く条件下で、最大限に動いているに過ぎません。実際に使うときは、ラインは長いほど水の抵抗を受けますし、流れや風にも引っ張られて動きを妨げます。足もとでは釣れそうな動きをしていても、キャストした（してもらった）先でのアクションを見てみると、想像以上に動きが小さくなっていたりまったく動いていない場合もあるのです。

　「ほとんどのストレートワームがフォールで自発的に動く」と思っている方、それは事実です。だけど肝心なのはバスの目の前で生きているように動いてくれること。ブレーバーのテールカットがパワフルに自発的クロールすることにこだわったのは、キャストした先で動きが弱まったうえでもいい動きをする余裕を持たせるためです。

【岸釣りのプレジデント】ゆるゆるインタビュー

川村、元旦もバス釣りだってよ

必要だったのか疑問ですが川村さんの提案による箸休めです

Basser編集部（以下B）執筆お疲れ様です。

川村光大郎（以下K）ひたすら書き続けてるけど、本当に一冊にまとまるのコレ？

B　どうだろう……、途中まで読ませてもらったけど、内容が盛りだくさんすぎて上下巻に分けたほうがよかったかも、と思い始めてる。それにしても、釣りといっしょで原稿もカチッとしてるよね。

K　そうかな？　好き勝手に書いてるだけだけど。まァ、釣りみたいにテキトーにはやってないつもりだけど。

B　いやいや、あなたの釣りは細かいとこまでガッチリきっちり決まってるから！　この本だってガチガチにお堅い内容で教科書みたいになるはず。そういう完成形しか見えない。

K　読むの疲れちゃうかな？

B　間違いない。実践すれば釣果アップすることも間違いないけど。

K　箸休めみたいな項目も入れたほうがイイかな？

B　じゃあ、今しゃべってるテキトーな話をインタビュー形式の記事にしてみます？

K　う……、なんかそう言われると読んでくれる人の役に立つことしゃべらなきゃ、ってなっちゃうんだけど。

B　大丈夫、本当にテキトーなことしか聞かないから。そうだな……、とりあえず「岸釣りのプリンス」って名乗るのもうやめない？　1979年生まれで38歳にもなって「王子様」って……、ないでしょ？

K　自分では名乗ってないっつーの！

B　え〜？　店頭イベントのときとか「こんにちは！　岸釣りのプリンスこと川村光大郎王子様ダヨ！」っていつも挨拶してるのに？

K　してない！　ねェ……、殴ってもイイですか？

B　痛ッ！　ちょっとホントに痛いんだけど、やめてよ暴君！　さて、そんなプリンスもアラフォーなわけですが、取材でもタックルテストでもルアー開発でも遊びでも、ずーっとバス釣りをやってて疲れちゃったりしませんか？

K　疲れる。けど、もっと釣りたいって気持ちのほうが圧勝する。

B　とはいえ、二十代のころに比べたら体力落ちましたよね。取材していて「ちょっと15分だけ寝させてください」っていうのが恒例になってきました。

K　そうね。かつては一日ぶっ通しだったけど、ちょっとそのへんは変わってきて、昔ほどの無理が利かなくなってはきてるなァ。気力で釣り続けることはできるけど、途中でちょっとでも寝たほうが体力も集中力も一気に回復するから、15分の見返りはあると思う。

B　たしかに10分くらいでズバッと起きるもんね。それで寝起きに50cmアップ釣ったりとか。

K　休憩は大事だよねェ。

B　アミノバイタルを車に常備してますよね。アレって効きます？

K　真夏にヘロヘロになったときにもらって飲んだら復活したからな〜。飲むようになったのはそれから。

B　エナジードリンク系は飲んでるの見たことないけど？　そういうのも試しました？

K　眠気覚ましに飲まないことはないけど、身体にはどうなのかな？　って控えてる。

B　どうしてこの話をふくらませ

◆アミノバイタル（味の素）　必須アミノ酸やクエン酸を補給できる粉末清涼飲料。常人は500mℓの水に溶かして飲む。川村は粉のまま薬のように飲む。そんな川村を見て、「コレはそういう物」と思い込んでいた記者は、初めて飲んだときに思いきりむせて、盛大に粉を吹き出した

てるかといえば「川村光大郎＝よく寝る子」って印象だから。仕事以外の釣りではよく寝ますよね。釣って寝る、釣って寝る、みたいな。

K　バス釣りが趣味でもあり息抜きでもあるから、リラックスしすぎるとたしかにすぐ眠くなるかも。ボートで釣りするときは寝るためのクッション必ず積むし。湖上で寝るのって気持ちイイんだよねェ。寝るためにボート乗るのもアリかもってくらい。あ、でも仲間内で勝負するときは、遊びでも寝ないよ。遊びじゃなくて勝負だからか。

B　普段の睡眠時間はどれくらいなの？

K　ベストは7時間。

B　釣行前夜は？

K　季節（日の出時刻）にもよるけど、霞ヶ浦へ行くときで3時間くらいかな？　冬は朝が遅いし日暮れが早いから身体が楽だよねェ。逆に一番日が長い時期は2時起きで出発して4時から19時過ぎまで釣りができちゃうから、季節的にバンバン釣れて楽しいけど、取材が終わったあとの消耗がハンパない。

B　ブレーカー落ちたみたいにガクン！　て寝ますよね。

K　高速道路に乗って最初のパーキングで寝てるからな〜。

B　用事があって電話するとパーキングで寝てることがたしかに多い。つまり、それくらい釣りしてる日が多いってことでもあるわけだ。そういえば、釣り納めが大晦日で、釣り初めが元旦っていうのはまだ続けてるんですか？

K　大晦日はさすがに今は家族と過ごしてるけど、今でも元旦釣行は続けてるし。自分のなかで初日の出をフィールドで拝んで初バスを元旦に釣るっていうのは験担ぎにもなってる大事なイベントだから。

B　元旦釣行は霞ヶ浦水系へ行くことが多いんですよね？　真冬の1月1日に釣れます？

K　2年前の元旦に初めてデコったのよ。で、去年は仕事納めの次の日に釣りしに行ったら釣行中に具合が悪くなったまま結局仕事始めの前日まで寝正月で元旦釣行できず。だから今年の初釣りは鬼気迫るモノがありましたよ。何がなんでも釣るんだ！って。

B　釣れました？

K　釣りました！

B　ちなみに元旦釣行はひとりで？

K　いや、地元の仲間たちと本田さん（川村の釣り師匠で現在はボトムアップの社員）とオリキンと、そこに2年前からかな？　草深さん（W.B.S.プロで現在はボトムアップの社員）も加わって、けっこうな大所帯で元旦釣行してる。

B　皆さん家庭があるわけだよね？　白い目で見られないの？

K　うちは大丈夫。そういうもんだって思ってるから。

B　いや、いっぺん奥様の気持ちを確かめたほうがイイって（汗）。それにしてもボトムアップは正月早々から3人全員が顔を合わせてるわけだ。本田さんも草深さんも好きですねェ。ねェ社長？

K　うん。けど社長っていうのやめてもらってイイですか。

B　だって社長でしょ？　よ！　社長!!

K　ちょっと〜、マジかんべんして。

B　ひらめいた！「岸釣りのプリンス」あらため「岸釣りのプレジデント」っていうのはどうですか？　よ！プレジデント!!

K　……なんかドッと疲れた。真面目に釣りの原稿書いてたほうが楽なんで、そろそろパソコンの前に戻らせてもらってイイですか？

B　イイデスヨ〜。よろしくお願いしま〜す（あなたのほうから箸休めも必要とか言ってきたくせに）。

BOTTOM UP
Column No.2

W.B.S.との出会いと グランドチャンピオンシップ出場

TDクランク野郎

中学1年生（1991年）からW.B.S.のグランドチャンピオンシップ（岸釣り大会）に出場したことも、僕のバスフィッシング人生においてとても重要な出来事でした。先日、19年ぶりにグラチャンに出たのですが、土浦新港に100名超えのアングラーが集まって、あの狭い間隔でずらっと並んで釣りをする光景は懐かしかったです。

そのグラチャンで釣果を競うなかで、より深くバス釣りにハマりました。デコ続きだった小学生から中学生になって、すぐに普通に釣れるようになったわけではありません。中学1年生の僕はTDクランクしか投げないヤツだったんです。ワッペン付きのキャップをいつも被っていたくらいTEAM DAIWAの大ファン。キッカケは宮本英彦さんがTD661-3RBでTDクランクを引いてトーナメントで優勝して、当時通っていたアプローチという釣具店（後のアルバイト先）にその記事が貼られていたんです。TDクランクを買って投げたらすぐに釣れたのが人生で初めての40cmアップでした。嬉しすぎて魚拓をとりましたよ。時代ですねェ。

そうなるともう一日中TDクランク野郎になってしまって、お年玉だったか、おばあちゃんにお願いしたか、TD661-3RBも手に入れた。釣れる数はよくても5、6尾でしたけれど、不思議とゼロはありませんでした。

そんなTDクランク野郎も中学に上がり、ワームの釣りを覚えると、コンスタントに一日ふた桁釣れるようになりました。けれど中学の3年間では、グラチャンの成績は上向いていったものの、年間1位はいつも一緒に釣りをしていた同級生に獲られてしまった。これは本当に悔しかったのを覚えています。

T.D.クランク1062／A-1カラー（ダイワ）

小学6年生で人生初の40cmアップを釣ったヒットルアー。最盛期は過ぎていたにしても今より遥かによく釣れていた時代の霞ヶ浦ですから、相当な数を釣っていたのに40cmはなかなか釣れなかった。その夢のランカーを釣らせてくれたのがコレ。心臓がはじけるような体験をして以降、しばらくT.D.クランク野郎に……

貪欲にレベルアップ

その友だちとはトーナメントごっこもしていました。ビデオで観たプロのマネをしてバネばかりと自作の入れ替えボードを持って。トーナメントにかぶれてましたね。よく釣れましたけど、でかいのを釣るためにルアーや釣り方を変えたりはしていなくて、とにかく数を釣って釣って釣りまくるという感じでした。

当時のグラチャンでは、年間1位になるとネーム入りのオリジナルロッドがもらえたんです。僕の友だちも中学3年のときにそのロッドをもらったんですけど、それが羨ましいやら悔しいやら。その後、僕も高校1年と2年のときにもらいましたよ（1994・1995の年間タイトル連覇）。高校3年のときは僕ともうひとりが同スコアで並んで、歳が若いほうが上位ということで年上だった僕は2位に……。年間通算のキャッチ数は僕が圧倒していたので、この結果も悔しかったです。大人げない話なんですけど、大人じゃありませんでしたからご勘弁を。

当時のW.B.S.では、グラチャンが終わったあとに運営の手伝いをするとお昼ご飯がもらえました。おにぎりとかチーズドックとか。よくやらせてもらっていたのがウエイインのときにバッグを配る係。帰着した選手にバッグを配るのですが、そのときデッキに並んでいるタックルに結ばれているルアーをチェックするのが好きでした。当時はほとんどの選手がカリフォルニアパドルのテキサスをリグっていて、たしかに本当によく釣れました。そうして優れたルアーや釣れるルアーを要領よく知ってマネすることでも上達が早まったと思っています。

そのころは霞水系と小貝川がよく釣れていたし、フロロカーボンラインやダウンショット、フットボールジグなど、新たな道具やリグ、テクニックが発信された時代でもありました。そして、正しいことを試せばイイ結果が返ってきたし、合っていなければちゃんと釣れないのでこれは違うと判断もできた。今は、当時のように数を釣って覚えることは難しくなりましたが、いい時代の経験を生かし、釣るためのコツや釣れるルアーを生み出し、伝えられたらと思う次第です。

第3章　川村光太郎のモノ語り

Inside K.Kawamura's BOX 50 compartments

VS-8050（明邦化学）

常備ボックス。中には春夏秋冬、全国各地のフィールドで、オカッパリにもボートにも対応できるプラグとワイヤーベイトのすべてが入っている。8050はバーサスのトレイ式ボックスのなかで最大のモデル。4段の引き出しと最上部にワイヤーベイトラックを備えている。542×300×397㎜

アーティス（ボトムアップ）

大容量タックルバッグながら軽く、高強度。ジェットグライド（フルクリップ製）によりベルトの長さが即座に調整できる。サイドのポーチ（4ROOMS）は使用頻度の高いルアーをスピーディに出し入れでき、個室に仕切ることでルアー同士も絡まない

常備ボックスからそのとき必要なルアーをケースに移す

ケースをアーティスに収納したら、さァ釣るぞ!!

4
5
6
8

1
2
3
7

1

■ブリッツMAX（O.S.P）

自分にとってこのクランクがスペシャルな存在になるのは、雨などで水が濁っているとき。このボリューム感とパワフルなアクションが濁りをチャンスに変えてくれる。カラーは中途半端なものではなく、最強のチャートブルーバックだけを迷いなく使う

■スナブノーズ（KTWルアーズ）

フック・リング・ヒートンの擦れ音が生き物っぽくて好き。まるでザリガニが砂利を巻き上げながら逃げるような音質。生き物がいる!とバスが思わず振り返ってしまうのでは?と。この手のいい接触音を発するものは、バルサ製のクランクに多い。ラウンドボディーに太いテールは水押しも強く、マッディーシャローで効果的

■E-1（WEC）

「マット」のよさを知ってこのメーカーに興味が湧いて購入。カバークランクとしての性能は高いが、生きる場面は少ない。このチャートカラーは好き

■イヴォーク2.0（deps）

プライベートでキムケン（木村建太さん）に琵琶湖でボートに乗せてもらったときに、キムケンがイヴォーク2.0をひたすら高速巻きして釣っていた。僕もマネして釣らせてもらったけど、まァ～しんどかった。最近1.2も購入。あらゆる完成度が高いなかで、驚いたのはフック接続部が発する接触音。プラスチック素材でありながら圧倒的に音が大きい

■Dチップ（開発クランク）

ボディーの長さに対して体高があり、強いロールと相まってフラッシング効果が突出して高い。ちょい長リップはグリップ力が強く、フラットサイドクランクのなかではパワフルなモデル。ちょっとコースがズレていてもバスのほうからすっ飛んでくるバイトが頻発し、集魚力を実感した。中層ただ巻きと、ショートトゥイッチでヒラを打たせるのも効果的

■名無しのフラットサイド

フィッシングショーでお会いした方からいただいた物。木工を本業にされていて、趣味で作っているそう。いくつかいただいたなかに唸る動きをする物があった。ウォブルとロールのバランスが絶妙で、どの角度から見ても艶めかしく見える。あまりに気に入りボディーサイズが小さいモデルもお願いしてしまったが、なかなかに再現が難しい……

2

■マット（WEC）

まず中小型なサイズ感がいい!　レスポンスが極めて高く、ここまでハイピッチにウォブ&ロールするのはバルサ&サーキットボードリップならでは。バルサ製アメリカンクランクにありがちなアクションのバラツキもなく、カラーリングにもこだわりを感じる。中層をスロー～ミディアムリトリーブで泳がせる。高価ながら、その価値はあるクランクベイト

3

■ブリッツ（O.S.P）

バスの反応の違いを明確に感じられたシャロークランクの名作。セミフラットボディーは充分な浮力とカバー回避性能を備え、ロールによる明滅効果も際立たせる。スローでのレスポンスも高く、直進安定性も高い

■RTO1.0（ラッキークラフト）

ナチュラルな水平姿勢で泳ぐ。ウォブルに対してロールの割合が高く、カドの取れたぬるぬるっとしたアクションはプレッシャーフィールドにも強い。投げ感も素晴らしくよく、ねらったスポットに極めて入れやすい。RCからRTOに名前が変わったのと同時にサイズのラインナップが増えたことで実用性が増した。「1.0」が好き。「0.7」のサイズ感もイイとこ突いてくれたなァと

■RTO0.7（ラッキークラフト）

■RC0.5（ラッキークラフト）

4

■スピードトラップ（ルーハージェンセン）

最も溺愛するシャロークランク。水平姿勢で泳ぎ、ロールとウォブリングのバランスが絶妙すぎて複雑かつやわらかく動いているように見える独特のタイトアクション。「SPEED KILLS」のキャッチどおり、高速巻きでもバランスを崩さず、それでいてスローリトリーブでも生命感を失わない。カラーは旧タイプが好きだが、数年前に一時出た反射板が入ったモデルは都合上ノンラトルで、それもよかった。残り数個、補充が利かないのがツライ

■DT-4（ラパラ）

独特のクビレがあるボディーシェイプが利いているのか、ラウンドボディータイプとしては稀なタイトアクションながら、艶めかしく複雑に動いているように見える。水平姿勢でナチュラルに泳ぐのはラパラの伝統なのかも。日本のスレたフィールドに向いていると思う

■ショートワート（ストーム）

不規則に大きくチドる酔っぱらいクランク。このボーン素材モデルはラトル音もカン高く、リップまでメッキしてあるのでそのアピールも大きい。ここまでくるとある意味ベツモノで、バスを強烈に刺激し、高ぶらせるタイプとして代用が利かない。ワンスポットからスピードトラップで連発するも反応が途絶えたあと、ショートワートで一撃だったことも

7

■シャッドラップSSR-7（ラパラ）

水面直下で最もナチュラルに誘えるシャッドプラグ。独自のL字型リップを持ったルアーはほかで代用が利かず、長年のフェイバリット。完璧な水平姿勢で泳ぎ、やわらかなタイトアクションとノンラトルはハイプレッシャーにも極めて強い。高速巻きしてもバランスを崩さないので、スピードを生かしてのナチュラルリアクションベイトとしても理想的

■小さい海馬95（痴虫）

このペラとブレードのコンビの力はヘビーカバーの中だけで使うにはモッタイナイ、とダブルフックをトレブルフックに交換。購入して使っていたところ、痴虫の松本光弘さんが僕の好きな色に塗ってくれた。ベリーは黄色味がかったホワイトに松本さんのアレンジで美しい薄ピンク、バックはこちらから見やすいライムグリーン。ビルノーマンのダズラーフィニッシュが好きなのでそれも入れてもらった

■小さい海馬55（痴虫）

フロッグをぶち込むようなところに入れられて、金属パーツのサウンドとフラッシングでフロッグ以上にリアクション的にバイトを引き出せる

■イジリースティック（痴虫）

■バジンクランク（O.S.P）

高速で巻くのが好き。ティップが水面につくくらいのロッドポジションで、水面から飛び出さないギリギリのハイスピードで巻いてくる。引ったくるようなカウンターバイトがたまらない！　高速巻きに強いバジンクランクならではのスピードトリック。乗りのいいグラスロッドがベスト

■コバジン（O.S.P）

バジン兄弟のなかでも、小型ボディーであることの不利を克服しているという点でことさら完成度が高い。コンパクトなのによく飛び、着水直後はわずかに沈んで引き波が出にくいところをウエイクスポイラーの効果で巻き始めから即座に水面をとらえ、引き波を出して誘える。リアフックは半番手大きい瞬貫トレブルの＃8（実質＃7）に交換している

5

■RPMクランクBIT-3（ダイワ）

スローリトリーブでもレスポンスよく、パワフルに水を掻くアクションは、マッディーウォーターとの相性がいい。動きは強いがボディーサイズは小さめなので強すぎない。低音でゴトゴト鳴るラトルサウンドも好み。カバーに絡めたり、ピンスポットに入れて巻き始めで食わせるのに使う。後刺しの基板リップがガタつきやすいので、接着剤で補強している

■ピーナッツⅡSR（ダイワ）

安価なので、小中学時代にお世話になった思い出のルアー。コンパクトサイズの割にウエイトがあるので投げやすく、ベーシックながら実践的な釣れるアクションをする。当時は根掛かりしても伸びて回収できる華奢なフックに助けられたけど、今は高品質の＃8フック（瞬貫トレブル）に交換している

■ダイバジンヘビーヒッター（O.S.P）

ボディーが横倒しになるほどロールが強く、フラットサイドボディーが水中に強くアピールしてくれる。ヘビーヒッターモデルのギョロギョロとしたラトルサウンドも強烈！　同じウエイクサウンド系でもバド系よりはスピーディーに探れ、わずかに水中に突っ込めるので、水面が波立ってトップが効きにくい状況でもバスを引っ張れる

■クラッチヒッター（エバーグリーン）

MAXでも30㎝ほどしか潜らない水面直下専用のクランクベイト。このレンジを泳ぐクランクベイトは本当に少なく、されどワンマイナス（マンズ）は、アクションがあまりにも緩慢で好きになれず。アクションは断然こちらがいい！　ほかで代用が利かないだけに、もうひと回り小さいモデルも熱望

BOTTOM UP!

［常にスタンバイOK!］

　このボックスには、お試し中のルアーも入っています。それと、出番は少ないけれど代用が利かないルアーも。1年に1回も投げないかもしれないけれど、「もし万が一こういう状況になったら」と想定した場合に欠かせないルアーです。

　たとえば明日、事前にフィールドを告げられずに、ミステリーレイクで取材や対決だ、となっても、このボックスさえ持って行けばプラグとワイヤーベイトに関しては自分がやりたい釣りが100％できます。前日に準備をする時間がまったくなくても大丈夫。時間ができたとき、パッと釣りに行くための備えでもあります。釣りに行かないことには絶対に釣れませんから。

12
13
15
17
14
16
18

9
10
11

11

■タイニーブリッツMR（O.S.P）

タイニーブリッツシリーズのなかでは、中層からボトムノックのどちらも高次元でこなせる「MR」の一番使用頻度が高い。スローでのハイレスポンスと高速巻きでの安定感とのバランスは最高レベル。コンパクトボディーながらベイトタックルで投げやすいのもありがたい。リアフックは瞬貫トレブル#8に交換。

12

■タイニーブリッツDR（O.S.P）

ボートでの出番が多く、地形と潜行角度を合わせることで、1投でブレイクの上から下までを効率的に探ってこれる。キャストしやすく、コンパクトで食わせが利くミドルダイバー。オカッパリでは、水深1.5～2.5mほどのハードボトムや沈みテトラを釣るときなどに使う。リアフックを瞬貫トレブル#8に交換

13

■シャッドラップSR-7（ラパラ）

あらためて素晴らしいアクションだと唸ってしまう。水平姿勢で泳ぎ、タイトウォブリングとちょい強めのローリングの絶妙なミックスにより、ナチュラルなのに適度な強さもある。とくに旧タイプのカラーリングが素晴らしく、側面が真珠っぽくフラッシングする見え方は大好物（僕の）。かつては飛ばないとよく言われたが、進化した今のタックルなら快適

■テールダンサー（ラパラ）

ストップ&ゴー（浮上&潜行）で水中を上下ジグザグに引いてくる「浮かせ釣り」の元祖ルアー。バナナのようなカーブドシェイプによって動きが艶めかしく見える。バルサ製だけどラトルチャンバーを内蔵している。形や機能はミノーともクランクとも呼べる。いろいろな個性のあるルアーで、たしかによく釣れた

■ドラフトウエイカー（カッツバディ）

ビッグバドに比べてロールが強めで艶めかしいし、巻き感がやや軽いので回収が楽！音色もハズレなく最高！　ビッグバドが大好きだったけれどこちらに乗り換えた

■ブリッツEX-DR（O.S.P）

オカッパリではほぼ出番ナシ。ボートでたまに、霞のハードボトムや亀山湖のドラッギングなどで使う

■T.D.ハイパークランクTi（ダイワ）

特筆すべきはチタンリップのにぶい輝きと大ぶりなアクション。中層のビッグバドのイメージでリザーバーの岩盤や立ち木のなどをデッドスローで巻く。代用が利かないルアー

■ショットオーバー2（ノリーズ）

草深（幸範）さんが浚渫跡のクランキングに愛用しているルアー。僕が普段できる釣りではないのでとりあえず1個だけ

10

■ブリッツMR（O.S.P）

ただ巻きも優秀ですが、ショートトゥイッチもいい。ちょっと潜らせたあと、ショートトゥイッチを素早く連続で入れる。中層でモジモジモジッとヒラを打たせつつ浮上させて、水面に完全に浮き上がる前に再度ロッドストロークで引いて潜らせて、またトゥイッチを入れつつ浮上させる。ブリッツMRはレスポンスよくヒラを打つのと、キックバック気味に浮上するので移動距離が少ない。この釣りにはチャートブルーバックを使用。ボトムを這わせる使い方にはザリガニ系カラーが好み

9

■メガピーナッツ（ダイワ）

ノベルティールアー。ゲットした人からデカバスに効くという熱弁とともに釣果写真を見せられ、僕もダイワのイベントでクジ引きして……、ウソです。役得ゲット

■ショットストーミーマグナム（ノリーズ）

マグナムクランクのなかでは動きが弱く、速く巻かなくても潜ってくれる。水が濁ったり荒れていたり、ほかにもハマる可能性はありそうだけど、コレが最強になる瞬間がいつか必ずくるだろうと思ってボックスに入れている。ほしい色が手に入らなかったのでチャートに塗った

■リトルジョイントゾーイ（THタックル）

■ジョイントゾーイ（THタックル）

ちゃんと食うところまで持っていきやすい、芸達者なギル型ベイト。バスにじっくり見せるルアーなので、リアルであることがプラスになる。リトリーブスピードの変化だけでi字からクネクネもするし、ストップ&ゴーだけで軽く首振りもする。ボトムをズル引いたりシェイクもする。ボトムに置いたとき、フックがボトムに着くが、ハリ先はボトムに触れにくい

17

■T.D.バイブレーション106S ウーファー（ダイワ）

ウーファーモデルのコトコト音はハイプレッシャーでも有効なラトルサウンドだと感じる。コンパクトサイズの106Sは10gほどと軽いので、減水中の野池のような浅いフィールドにマッチする。アクションがタイトな食わせのバイブレーションという位置づけ

■T.D.バイブレーション・スティーズ カスタム53Sウーファー（ダイワ）

この小さいボディーサイズでは、おそらく唯一シミーフォール（震えながら沈下）するバイブレーション。メタルバイブのようにリフト&フォールで誘えつつフォールスピードやアクションの質は異なるので、メタルバイブとのローテーションで釣果を伸ばせる可能性に期待している。その場合はダブルフックの＃6に交換する

■ウイグルワート（ストーム）

出番は少ない。けれど、僕が持っているほかのどのクランクよりも大ぶりに泳ぐ。春の大風のなかでハマったことがある。強烈な個性があるクランクなので、濁ったときや大きなアクションでバスの目を惹きたい状況に備えて持っている。もっと普通に補充が利けば出番も増えるんだろうけど……、現行品はカラーリングが味気ないと思う

16

■Bタイト（開発クランク）

ベイトタックルでギリギリ扱える、小型のフラットサイドクランク。かなりタイトなウォブ&ロールアクションで、フラットサイドクランクのなかでは最速の超ハイピッチを見せる。バルサ素材とハイピッチアクションの副産物か、ヒートン・リング・フックが擦れるイイ音も加わる。また、スローから超高速巻きまで完璧にこなすバランスの高さも魅力

14

■ワイルドハンチ（エバーグリーン）

水平姿勢で泳ぎ、ヌメヌメとした引き感。ノンラトルクランクのなかでもフックの擦れ音さえも小さいナチュラルなテイスト。水槽で横から泳ぎを見ると、フィールドで受ける印象よりロールが入り、艶めかしい

■ランボルト120V（イマカツ）

ボディーサイズがオカッパリにもちょうどイイ。理想的な水平姿勢で泳ぎ、ロールが絶妙に混じったやわらかい動き。スローでもしっかり動いて誘ってくれ、高速巻きでの安定感も抜群。ボトムの障害物を回避する性能も高い。フロントフックを瞬貫トレブル#8に、リアフックを#7に交換している

15

■レベルバイブ（レイドジャパン）

ボディーサイズに対して重めなのでよく飛ぶ。レンジキープ力が強く、速めに巻いても浮き上がりにくい。ボディーシェイプが特徴的で、スイム姿勢がナチュラルな水平気味に見えるよう工夫されている。ボトムで倒れずに立つので、リフト&フォールでも威力を発揮。オカッパリで釣るためのノウハウが詰め込まれている

■アルクシャッドJr.（SPRO）

レベルバイブ同様ボトムで立ち、ボディーサイズも近しいが、こちらのほうが2gほど軽く、浅いレンジを引きやすい（その代わり飛距離はゆずる）。隠れた名品だと思うが、欠点は入手しずらいこと。ラトルトラップ好きのアングラーは頑張って探してみてほしい

■ラトリンジェッター（ノリーズ）

スローリトリーブでもしっかり泳ぎ、手もとまで明確に振動を伝える。ボディーサイズもひと回り大きく、所有しているなかでは強いバイブレーション。こういうタイプが効くこともあるだろうから、持っておいたほうがイイなと

BOTTOM UP!

［整理したボックスがアイデアをくれる］

中身のルアーは、ざっと［ジャンル別］かつ［レンジ別］に整理しています。たとえば、「スピードトラップを出そう」と思ってこのボックスを開けたとき、近いジャンルのルアーや同じようなレンジを引けるクランクベイトもいっしょに目に入ってきます。そうすると、「あ、コレもイイかも」というアイデアを、整理したボックスが発想させてくれるわけです

23
24
26
SP SHAD
25

19
20
21
22

■トリプルインパクト105（シマノ）

ライターの大場未知さんが「コレいいよ」とプレゼントしてくれたフラップつきの旧モデル。「スピーディーだし食っちゃうし」と。ただ巻きでのアクションとサウンドもいいですが、ソフトリッピングでの空気をはらんだ独特のサウンドがなんとも素晴らしい

■レイダウンミノー・ウエイクプロッププラス（ノリーズ）

伊藤巧くんが「コレよく釣れますよ」と……、何かもらい物が多いな……。ソフトなリッピングで使っていたので、マネしてみます

■NOI-Z（デュエル）

このルアーは「釣れる要素」が多いところがイイ。盛り込めるだけ盛り込まれてる。ペラがジョビジョビ、ジョイントがカコカコとノイジー的でありながら、シルエットやアクションはベイトフィッシュっぽい。水面もイケるしちょっと潜らせれるし、スローに巻いてもファストに巻いても使える。2サイズありますが、大きいほうの105のほうが好きです。

■プロップペッパー（ティムコ）

厚みのある大型ペラが特徴。ヒートンの通る穴が四角いので、ペラが回るとカタカタ鳴って、微妙なバイブレーションも発生させる。ゆっくりただ巻きで使っている

■ダイイングフラッター（へドン）

ダブルスイッシャーのなかで一番使って釣っているルアー。ショートジャークでジョボッ、ジョボッ、とイイ音が出ると同時に、トルネード状のバブルを発生させる。もともとは、ボートで僕が前でバズベイト、後ろの同船者がコレを投げていて、ボッコボコに釣り負けてその威力を知った。着水からのワンジャークでハイアピールに一気に持っていけ、直後のポーズがバイトチャンス。ぶ厚いペラは、スローでは回らない。だからこそ、回ったときのパワーがある。フロントフックにスプリットリングをつけてバラシにくくしている

■ドリラータイフーン（ヒヨコブランド）

O.S.P退社時に餞別でいただいたルアー。ショップのオリカラで、スミスウィック的なアイがイケてる！　もったいなくて使えない

20

■ヤマトJr.（O.S.P）

ポッパーとペンシルベイトのハイブリッド。飛距離は特筆モノで、遠投した先でポップサウンドやスプラッシュでアピールしながらスピーディにチェックできるだけでなく、アングラーも目で追いやすい。ラインアイは下の1個しか使わない

■サミー85（ラッキークラフト）

サイズ展開しているけれど、このオリジナルサイズが一番好き。芸達者で、とくにピンスポットでの誘いに長けている。首を振りながらボディーを倒して、広い側面で水面を叩いたり、ダイブからピョコッと水面に浮き上がったあとに上下の余韻アクションが出たり。浮き上がった瞬間、カウンター的におじぎさせて小さなカップでピチュッと水を弾いたりもできる。ロッドワークのタイミングや強弱でいろんな表現ができる。複合素材のラトルもイイ音が鳴る。使い込めば使い込むほどイイところを引き出せて、しかもそれが難しくない。名作中の名作

■ジャイアントドッグX（メガバス）

ヒラ打ちしながらのドッグウォークアクションが得意で、縦扁平のボディーシェイプのフラッシングがそれを強調している。垂直浮きでピンスポット攻略を得意とするサミー85に対して、斜め浮きのこちらはある程度広い範囲をテンポよくチェックしたり、逃げ惑うベイトフィッシュのようなノンストップでの高速トゥイッチに向いている

■マーディーハスラー（deps）

後輩が持っていたものだが、ヒラ打ちをともなったドッグウォークアクションとボディーに内蔵されているスプリングウエイトの効果にひと目惚れしたところ、譲ってくれた。ドッグウォークのたびに独特のバネ感のある硬いヒットサウンドを発し、何よりポーズ中に微振動して水を震わせるのが生命感を感じさせる

19

■スティーズポッパー（ダイワ）

ポッパーは、今はスティーズポッパーの使用率がほぼ100%だ。長年愛用していたマイケルより1gほど重いだけでも投げやすく、首振りのしやすさやバブルをともなったポップサウンドの質など、すべての面でマイケルを超えている。スプラッシュはラインの沈み加減にもよるけれど、これまたいい水柱を上げる。カラーはとくにこの「アユ」が好き。ベリーが黄色味がかっているホワイトで、バックの色はアングラーから見やすい

■マイケル（TIFA）

■マイケルビッグ（TIFA）

サイズもラトルサウンドも大きいハイアピールタイプ。出番は少ない。流れのある川や広いフィールドで存在感がほしいときに

■トネスプラッシュシャディ（ラッキークラフト）

小さめのポッパーがいい時もあるので。ペラには移動距離を抑える効果もある

25

■タイニーシケイダー（ティムコ）

年に1回くらい桧原湖に行っていた時代があって、そのころから愛用している。水面で細かくシェイクして使う。野池などのバスが虫を食べているフィールドで使うとラージマウスもよく釣れる

■マッドラッド（フロッグプロダクツ×Basser）

旧吉野川をホームにしているスゴ腕の浦川正則さんが大注目しているルアーで、それをマネして僕もお試し中

■躱マイキー（ジャッカル）

川で流れに逆らわせて移動距離を抑えて誘う使い方が好き。僕が川で使うのを想定しているルアーは全般にアピール強めのセレクト。水面まで出てこないときも、潜らせて使える。バーサタイルタックルで扱えるウエイトとボディーサイズも気に入っている

■どんぐりマウス（Viva）

羽根のクリアランスというかガタつき幅が大きくて、ガショガショ音がよく出る

24

■スティーズフロッグJr.（ダイワ）

オカッパリでもフロッグを多用するときはPEラインで専用タックルを組む。スティーズフロッグJr.はサイズ感がいい。独自のトンネル構造が素晴らしく、水が入らないので水をぶしゅぶしゅ抜く手間がない。一般的なフロッグは既製品のフックに合わせてボディーを設計するけれど、これは設計したボディーに合わせて専用フックを作っているので、完成度が高い。そしてそのフックもよく掛かってくれる。ドッグウォークもしやすいけれど、スラッピングといってパパパパッと逃げるようなアクションも、頭を上下動させるたびにへこんだ下アゴが水を押してくれ、申し分なし

■スティーズポッパーフロッグJr.（ダイワ）

■ブロンズアイポップ（SPRO）

これもスラッピングが得意。ポップ音とスプラッシュを出しながらのドッグウォークも釣れる

■シルバーミノー（ジョンソン）

23

■デカダンストーイ（※ラージウイングに換装／クワイエットファンク）

プラスチックモデルのフィーで羽根モノの凄さを知った。もうバイトの激しさが違った。中速で引くのもイイし、速巻きでもイイ。使い込んでいる方から、「発泡素材のトーイのほうがもっといいですよ」といただいたもの

■SPシャッド（ポップマン）

ゼンマイで尾ビレが動くルアー。オモチャみたいだけど本当にあなどれない。ほかのルアーに食わなかった見えバスにコレ投げたら連発したこともある。弱点は、ゼンマイが切れでバタバタが止まるとアウトなところ。バスが食いそうになっているのにピタッと止まってしまったら、そこからジャークして再起動させても、その後のバタバタでは食わせられたことが一度もない

■レゼルブ（DSTYLE）

普通に巻いてもシェイクしても釣れるけど、個人的には高速巻きにシビれた。金属素材の羽根は、高速巻きするとアピール過多になってしまうけど、ソフト樹脂素材のコレはそうならず、まさにナチュラルリアクション！水面から飛び出すギリギリのスピードで逃げるように引く。バスがサイトできる状況や、見切られやすいクリアウォーターではとくにスペシャル。ダイちゃん（青木大介さん）はねらって作ったのか……、ねらってるだろうな。聞いてみたい

「ねらって作ったし、実際に僕も速巻きで釣ることがある。けど、ここまで速巻きに対応するルアーになったのは、嬉しい想定外」青木大介

BOTTOM UP!

カラーは［そのルアーの用途に合った色］を厳選

大型のボックスとはいえ、コレひとつにすべてをまとめるとなると、スペースが足りません。ということで、カラーを厳選することで省スペース化を図っています。

水押しが強いクランクベイトはマッディーやステインウォーターで出番が多いので、それに合わせてカラーもハイアピールなチャート系がメイン。それに対してミノーやシャッドはクリアウォーターや水がクリアアップする低水温期に使うことが多いので、それに合わせて小魚系のナチュラルカラーがメイン、という具合です。

37
39
41
43
38
40
42
44

27
29
31
33
35
28
30
32
34
36

45

48

49

46

47

50

BOTTOM UP!

イーズグリーンは［釣れる時間帯に見える］僕の必須カラー

　レンズカラーをひとつだけ選べと言われたら、クリアな自然な色合いの［スーパーライトグレー］ですが、もうひとつ、絶対に欠かせないのがイーズグリーンです。端的に言って［釣れる時間帯に見える］からです。具体的には朝夕のマヅメや雨天・曇天といったローライトコンディション。こうした光量が少ないチャンスタイムはスーパーライトグレーでさえ裸眼の状態よりは若干暗くなる。ところがイーズグリーンは照らしてくれるかのごとく明るい!

　偏光グラスの機能をきちんと生かすために、ツバ付きのキャップを被るのも非常に大事なことです。「見よう見ようと意識すれば見える」のでは不充分です。ふとしたときに視界の端に引っ掛かってくるような、ちょっとした沈み物やバスの存在に気づけるかどうかで釣果は大きく違ってきます。そうした視界を得るために、優れた偏光グラスと被り心地のいいキャップはセットで欠かせません。

スーパーライトグレー

スーパーライトブラウン（上）と
イーズグリーン（下）

■B.B.シャッド48（F・SP／バスバスターズ）

知る人ぞ知る名作……、かと思っていたら、僕の友人たちは皆知っていたのでけっこう有名なのかも。フラットサイド気味の体高があるボディーでヒラヒラヒラッと泳ぐ。このサイズ（48mm）もバイトを量産してくれる要素のひとつ。小場所で使うと、60mm以上と50mm以下ではバイトの数に差が出ることが多い

■プロズスパイク53SP-G（ダイワ）

ダンクでは潜りすぎの浅いところで使う

■アームズシャッド（ヨーヅリ）

■ライブX（メガバス）

ついこの前、中古屋で見つけて懐かしくなって購入。細身で潜るクランキングミノーとして使って、よく釣っていた。ワカサギ食いのバスに効いた。「魚っぽい見た目」というのは、単純だけどよく釣れる要素。コレはアクションもイイ

■ゲキアサⅡライブローラー（イマカツ）

■K-0ウェイクミノー95サイレント（HMKL）

■レイダウンミノーディープジャストワカサギ（ノリーズ）

クランクベイト感覚で使えるダイビングミノー。丸っこいボディーのクランクは、エサからシェイプが離れていることで食ってくれないことがままある。アクションの質と見た目の両面で、クランクとシャッドの間を埋めるルアーが必要になる場面は意外に多い（ただしコレはほぼシャッド）

■フレッシュバックミノーFB-80MD SP（アングラーズリパブリック）

ただ巻きでもトゥイッチでもイイ泳ぎをする。体高があるのでフラッシングも利く。ビッグミノーが流行ったけれど、これくらいがミノーというルアーにとってはメインになるサイズ。よく釣れた思い出のルアーでもあるけれど、現役として投入する機会もありそうなのでボックスに入れている

■チェリーブラッドMD82（スミス）

ジャークベイトではなく「巻いて使うミノー」に関しては、マスやシーバス用のなかにイイ物があるのでは？　といろいろ試している

■阿修羅925SP（O.S.P）

■フェイス87（エバーグリーン）

■ダンク48（F・SP／O.S.P）

冬に一番釣っているシャッド。ロングリップと深い前傾姿勢によりフックがボトムに触れにくく、回避能力が群を抜いている。デッドスローでのハイピッチ性能も、このサイズにして充分な飛距離も含め、ほかでは代用が利かない。トゥルーチューンがシビアだが、跳び抜けた性能の代償だと思えば我慢できる。ストップ&ゴーで使い、ポーズ時にその場で漂わせなければバスが追えないようであればサスペンドモデル、水中を上下ジグザグに探る場合はフローティングモデルを使う

■レベルシャッド（レイドジャパン）

振り幅の細かい超ハイピッチアクションが特徴。スローでのレスポンスもよく、高速巻きでもまったく動きがバタつかない

■ハイカット（F・SP／O.S.P）

ダンクの対極。固定重心でサイレント、アクションはタイトでナチュラル。ワカサギを偏食しているようなシビアなバスも騙せる。高速巻きでの直進安定性も極めて高い

■スティーズシャッド54（MR・MR-S／ダイワ）

トータルの完成度が素晴らしく高いシャッド（とくにMR-S）。水平姿勢でのウォブルとロールのバランスが絶妙なアクション。固定重心のサイレントモデルでも空気抵抗の少ないボディーフォルムによってキャスタビリティーは充分。重心移動モデルしかなかったころはサイレント欲しさにピンバイスで穴を空けて接着剤を流し込み、ウエイトを固定していた

■Dシャッド60SP（ダイワ）

■スティーズシャッド54（SR・SR-S／ダイワ）

■T.D.シャイナー55SP-G（ダイワ）

■ソウルシャッド52SP（ジャッカル）

取材をごいっしょさせてもらったときの山木一人さんの忘れ物。そのままいただいて使っている

■ガストネード70S（ダイワ）

今年（2017年）1番数を釣ったハードルアー。ハイプレッシャーに強く、サイトフィッシングでも使う。基本はスピニングタックルで使うが、ベイトのバーサタイルタックルでもリールの性能で投げられてしまう。Sモデルを使い、水面直下をゆっくりただ巻きする。応用はシェイク引き。シェイク＝ラインを張ってゆるめるの繰り返しなので、ただ巻きよりもさらにゆっくり引ける。ラインが張った瞬間だけペラがチリッと回る。チリッ、チリッ、チリッとオン・オフさせながら引く

■ジェットプロップ65（エンジン）

ペラが小さいので流れに強い。この特徴があるのでボックスに入れている

■ステルスペッパー110S（ティムコ）

シンキングダブルプロップの威力を教えてくれた名作。「ゆっくり引いても、ペラは超高速回転している」ところがキモ。FS（ファストシンキング）は流れの中や深いところを釣る場合のみで、基本的にはデッドスローで中層を引けるS（シンキング）モデルを使う。この110サイズはM～MHのロッドに12Lbラインで扱えて、大きいのも釣れるし、ハイプレッシャーにも強い。クリアウォーターでも効くし、霞ヶ浦水系でも効く。ゆっくりで、超高速で、フラッシングも利いてて、ペラとシャフトが擦れる音も出てて、水をかき回していて……、いろんな要素がてんこ盛りでバスが寄って来て、Uターンされずにちゃんと食うところまで持っていける率が高い

■ベントミノー106F（O.S.P）

■F-7（ラパラ）

■TCミノー50F（TIFA）

バルサ素材のクランクベイトにはイイ物が多いけれど、僕は容積が少ない細身のミノーこそバルサの高浮力のアドバンテージが生きると思う。このミノーのアクションは、チープな言い方だけど本当に小魚みたい。アングラーが本物と見間違うようなアクションをただ巻きでしてくれる

■ハドルミノーハード65S（フィッシュアロー）

ほかにないタイプ。尾っぽが弱々しくぴよぴよ動く。効く状況があるかもなァとボックス入り。バスがワカサギの小さいヤツだけを偏食しているような状況で試してみたい

■バルサ50・ブラウニー50㎜（ザウルス）

このミノーを引けばバルサの凄さを実感できる。この小さく細いミノーをプラスチックで作ったら、この浮力はでない。この泳ぎのキレは出ない

■オーバーリアル63ウェイク（O.S.P）

フロロ4Lbでも太く感じてしまって、3.5Lbとか、できれば3Lbで使いたくなる繊細さと飛ばなさはあるけれど、それを差し引いてもコレは素晴らしい。本当に弱々しく水面をひょろひょろと泳いでいる小魚をイミテートするには最高のルアー。ただ巻きで充分釣れてしまう。エサに近い。コレは凄い。使い方も難しくない。ホットケ（水面放置）で釣っている人もいる。そのときのタックルに5Lbラインが巻いてあったら、それで無理やり投げることもあるけれど、ベストアクションを求めるなら太くても4Lbまでのラインで使うのがオススメ

■アイウエーバー74F（O.S.P）

■バルナスペック2・110SF（O.S.P）

■ステルスペッパー70S（ティムコ）

■ステルスペッパーナチュラル70S（ティムコ）

■ステルスペッパー55S（ティムコ）

■ステルスペッパーナチュラル55S（ティムコ）

■ガストネード70S（O.S.P）

■ルドラスペック2・130SF（O.S.P）

琵琶湖で一世を風靡したあと、早春の霞ヶ浦で再び脚光を浴びたビッグミノーの草分け。早春の霞ヶ浦では、荒れたウインディーサイドでボトムに当てて引くのがキモ（根掛かりの恐怖が付きまとう釣り）。ルドラもバルナもナチュラルに訴えたいのでノンラトルのスペック2が好き。魚っぽく見せたいからミノーを使うので色もナチュラル系を多用する。リアルプリントのニジマスがとくに好き。水中で見ても艶めかしい

■K-0ウェイクミノー110サイレント（HMKL）

2サイズをボックスに入れている。サーフェスクランクはいろいろあるけれど、サーフェスミノーは稀。ロールアクションでキラキラとフラッシングしながらナチュラルに泳ぐ。水質がよくて、バスがベイトフィッシュを追いかけ回しているような川で出番が多い。「ここはそういう川だな」「そういう状況だな」と感じたら、バスを見つける前に（バスに見つかる前に）先へ先へ遠投しながら釣り進んで行く。出番は少ないけれど、代えが利かないルアーで、過去に何度かハマった。オカッパリでもボートでも使う

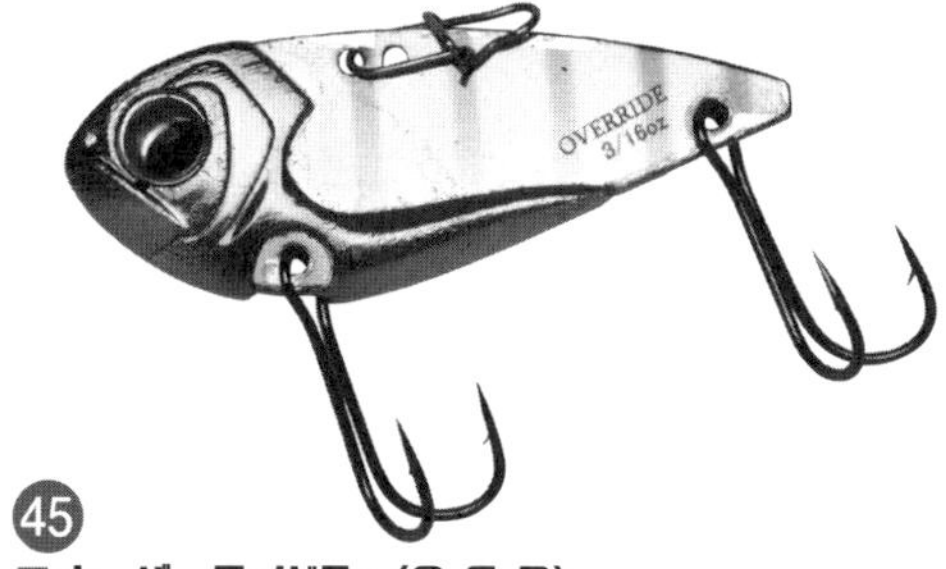

45

■オーバーライド5g (O.S.P)

オカッパリでは5gと3.5gがメイン。ミディアムライトのスピニングタックルにPE0.8号に高強度なハリス用フロロカーボンライン1.5号でリーダーを組む。リーダーの長さは、ひとヒロが基本。ただし、冬のオカッパリで水深1.5mより浅いところでもメタルバイブを使うので、その場合のリーダーは70〜80cmにする。オーバーライドは、リフト&フォールで使ったときにスライドフォールして着底点が適当に散らばるので、1ヵ所で上下させるだけで周辺のバスにもアピールできる。また、真下にストンと落ちる物よりも、スライドすることでフォールタイムが長いことも冬に効く要素

■シリテンバイブ43 (マドネス)

シーバス用。シリコン素材。ナチュラルなアクションとやわらかな波動、そして銀粉のこれまたナチュラルなフラッシングがバスにも効くときはあるだろうという期待があってボックスに入れている。リフト&フォールよりは速めのただ巻きで。ボイル撃ちにも使えそう

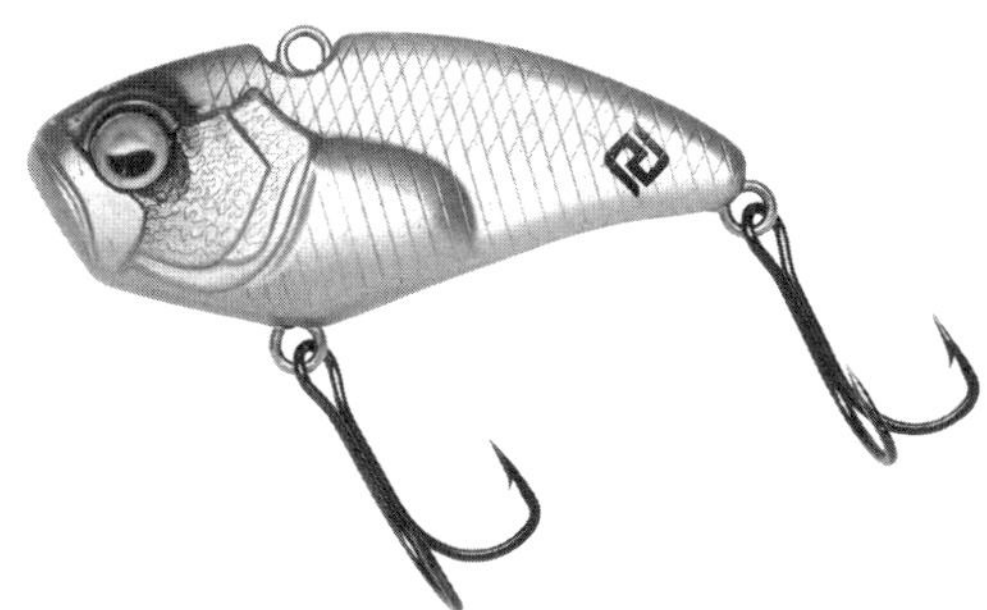

■レベルバイブブースト (レイドジャパン)

メタルバイブとは質の異なるただ巻きでも釣れるシャッド的なタイトアクションはハイプレッシャーにも強い。リフト&フォールとただ巻きの中間的な誘い方のバリエーションとして、キャロのように横のロッドストロークでも引く。オーバーライドからのローテーションで魚を絞り出すときにも

■ブルシューター160SS (deps)

■ティンバーフラッシュノイジーダックス (エバーグリーン)

前後のジョイントボディーがぶつかる音と、太いヒートン同士がこすれ合うキュルキュル音の複合サウンドがイイ

■ラインスルートラウト (サベージギア)

お試し中。ソフト素材のスイムベイト。八田原ダム(芦田湖)でハスを追い掛ける55cmクラスの群れに遭遇したことがあって、そういうときにイイかもと思って後日購入

■T.D.ミノー60SP (ダイワ)

霞ヶ浦でワカサギにボイルしているバスをよく釣ったミノー。旧型はリップが薄くて折れやすかった。新型になってリップが丈夫になったけれど、泳ぎはそんなに変わった感じはしなかった。トゥイッチしたときのヒラを打ちながらのダートが素晴らしい

■グリマー6 (ティムコ)

ハードルアーでありながら、中層シェイクやボトムでの誘いなど、ジグヘッドに近いような使い方もできる。凄いという話をよく聞くルアーなのでボックス入り

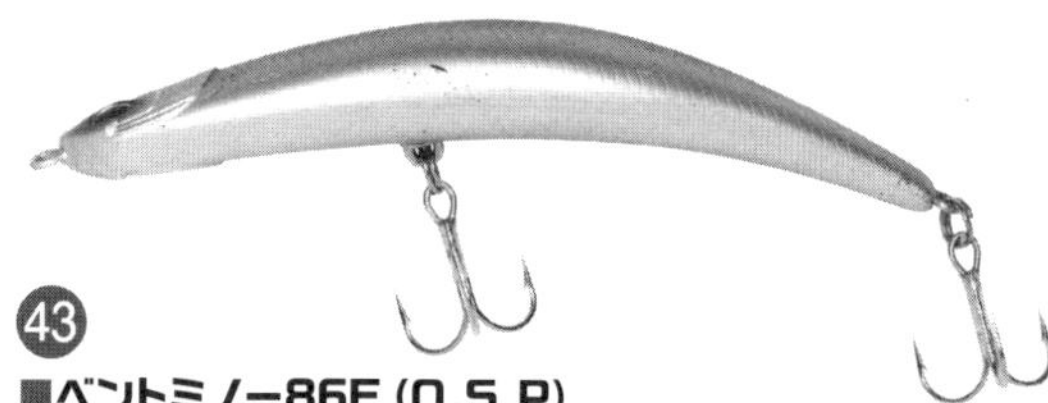

43

■ベントミノー86F (O.S.P)

ボイル撃ち用のハードベイト最強ルアー

■K-I ミノー65SP (HMKL)

■ステルスペッパー90S (ティムコ)

ステルスペッパーファンとしては全サイズ押さえておかねば、ということで

■ベントミノー76F (O.S.P)

86よりは使用頻度が落ちるけれど、プレッシャーが高いときや、バスに追い掛けられているベイトフィッシュが小さいときが出番

■アイウェーバー74F/74SSS (O.S.P)

フローティングモデルは西湖の水面放置で釣ったときによさを感じた。けれど一番釣っているのは、本来こうしたルアーが効きにくいとされているマッディーの霞ヶ浦水系。スポーニング直後でまだ回復しきってないポワーンとしてる状態のバスにスーパースローシンキングモデルを漂わせると一撃!

■T.D.ペンシル1070F (ダイワ)

小さい割に飛距離が出るので、遠いところでばかりボイルが頻発する状況で、ベントミノーに代えて投入することがある

■ダイラッカ（ノリーズ）

ボート用になるが、マスターしたい釣り

■ブッチャー（シグナル）

S字系といえばそうだが、ピッチが細かい。やわらかいテールがプルプル震えて、ステイ中もバスを誘い続けてくれる

48

■ブレードジグ（O.S.P）

ナチュラルなバイブレーションが持ち味。独自のプラスチックブレードは透明さよりも鉛のヘッドと当たる音が効いていると感じる。レンジキープ力が高く、流れの中やちょっと深いレンジを引きやすいトレーラーはドライブスティック4.5in

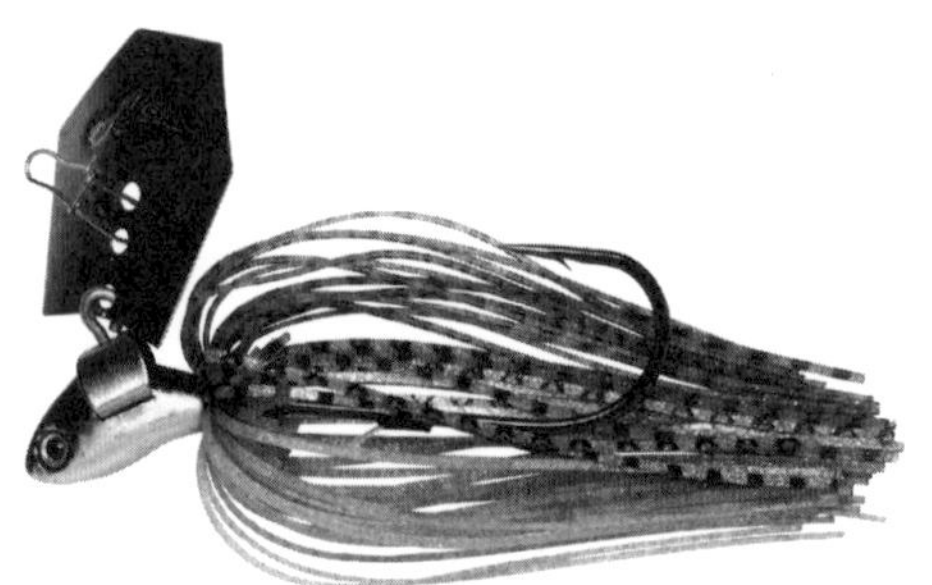

■フラチャット（ノリーズ）

浅いレンジをスピーディーにチェックしやすく、ノーガードでありながら、他のチャター系より明らかにスナッグレス性が高い

■スティーズカバーチャター（ダイワ）

ブラシガード付きの一番引っ掛からないチャター系。カバーの奥に滑り込ませて隙間を通してくることができる。大きすぎるように見えるフックは、ブラシガード付きで掛けるためには適切なサイズ

■モンスタージャック（フィッシュアロー）

旧型のウッド製。ウッドならではのジョイントボディーがぶつかり合う硬い低音、カコカコ音がイイ。限定のホイルフィニッシュもキレイ

■コフナジー（イマカツ）

中古釣具店で見かけて、フラットサイドボディーに可能性を感じて購入。水面でトゥイッチしてキラッキラッキラッていう誘い方も効きそうだなと。胸ビレはフッキングを妨げそうなのでカット

■ギルポップ（イマカツ）

軽いロッドワークでヒラを打ちながら首を振ったあと、水面にピョコンと顔を出し、余韻でぽわんぽわんと動く感じが大好きなサミーに通じる

■ジョインテッドクロー178F（ガンクラフト）

鉛シールを貼ってサスペンドに近いスローフローティングにして使うことが多い。比重調整をすることがとても大事なルアー。浮かべておかないと反応しない状況もあるのでフローティングモデルを選んでいる。

■ジョインテッドクロー改148F（ガンクラフト）

バーサタイルタックル1セットで釣り歩くことが多いので、オリジナルサイズよりもこの「148」を多用する

■チビタレル（ジャッカル）

やはりバーサタイルタックルでの使い勝手から「チビ」を愛用。12Lbフロロで充分扱える

■BXスイマー（ラパラ）

47

■ダッジ（レイドジャパン）

ミディアムクラスのバーサタイルロッドでも扱えて、でかいのも釣れるし、数も釣れる。ハイプレッシャーにも強い。イイ魚を釣るための戦力になっている。基本は投げてゆっくり巻くだけ。スローリトリーブ性能もピカイチで、カチャコチャいう音もイイ

■リキベイト（リキベイト）

■PDLスーパーハーフスピン（ティムコ）

■Dスピナーベイトビッツ（ダイワ）

コンパクトで弱いスピナーベイトたち。ハマることがあるので入れている

■バザーズジグスピナー（ダイワ）

小魚を偏食しているセレクティブなバスに対して、ジグスピナーは効果を期待できる一手。お気に入りはダイワのバザーズ。トレーラーにはドライブスティック

■クリスタルSシャローロール（ノリーズ）

マッディーシャローをゆっくり強い振動で引いてくるのにベストなスピナーベイト

■ハイピッチャー5/8oz（O.S.P）

タイフーンから#4.5のウイローリーフを移殖して使っている。深めのレンジを速めに巻く用

■タイフーン3/4oz（O.S.P）

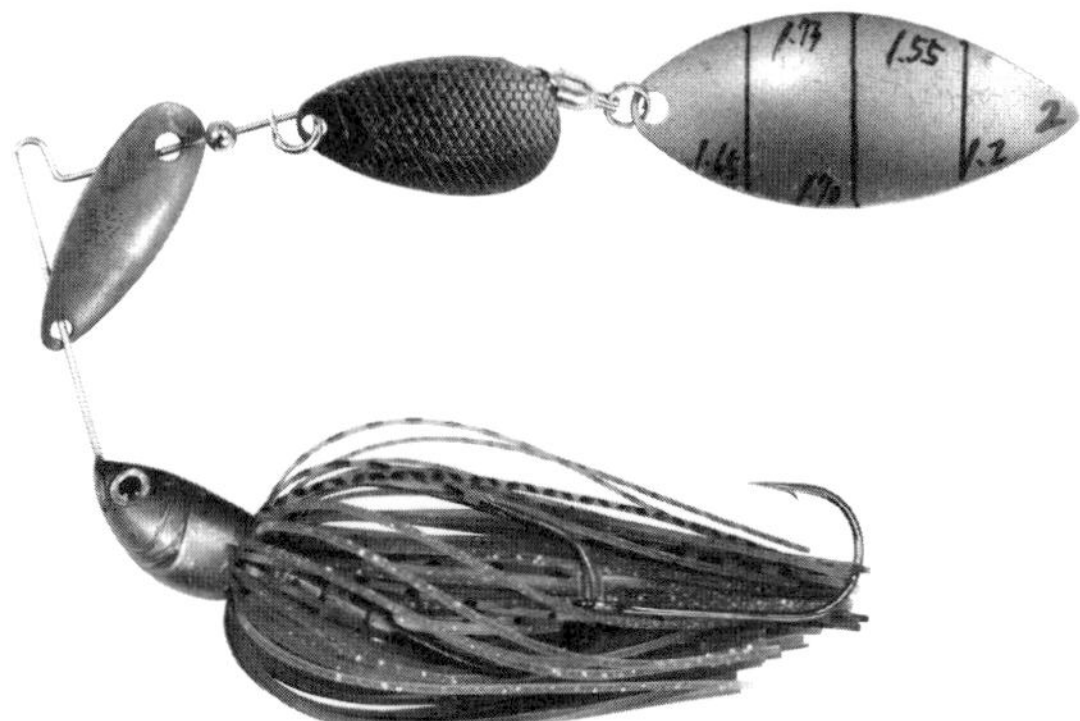

■ビーブル3/8oz（ボトムアップ）

《上蓋の収納》

■ギズモ（エバーグリーン）

■野良ガエル（ティムコ）

ともにエラストマー製なので、ほかのルアー（とくにソフトベイト）との接触で溶けてしまわないように隔離して収納している

■バズベイト（ゲーリーインターナショナル）

■ジャンボバズベイト（ゲーリーインターナショナル）

キュルキュルサウンドを発する定番バズ。ノーマルサイズは比較的速めに、大ペラのジャンボはスローリトリーブで使う

■クリスタルSボルケーノDB3/8oz・改（ノリーズ）

旧タイプ。本来はペラが前後に並んでふたつ付いているが、昔ペラをひとつ減らしてリアだけにしてみたら、凄くイイ音が出たことがあった。ボックスに入っているのはそれを再現したくて作った物。だけど、あの音になんないんだよなァ……

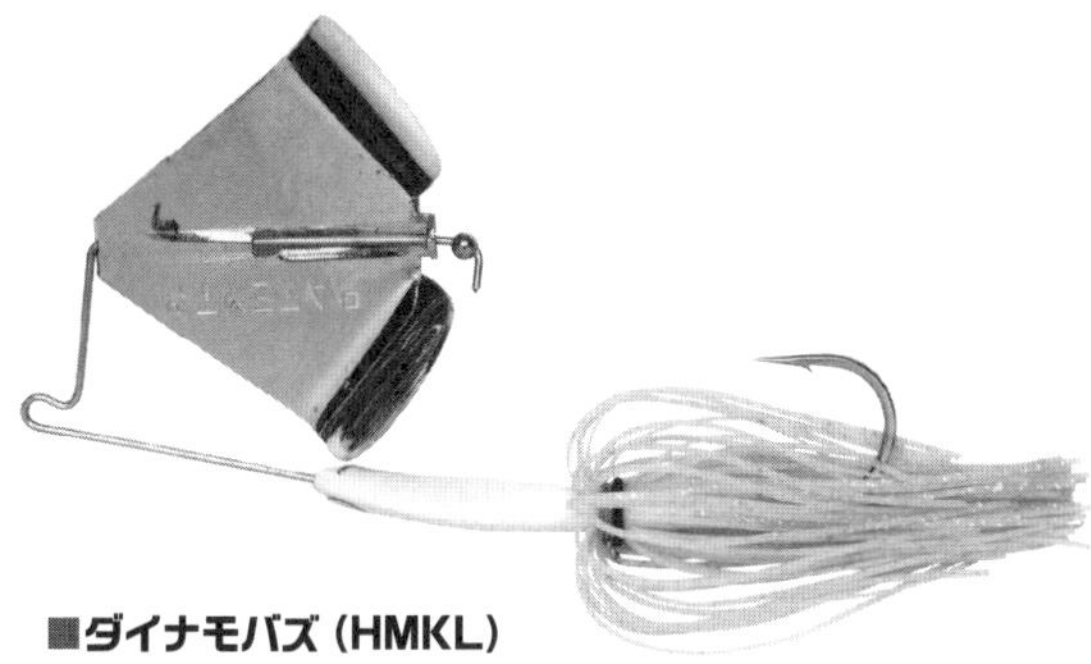

■ダイナモバズ（HMKL）

大きいペラがヘッドの中に埋め込まれているブラスの玉に当たって大音量を奏でる。ペラがヘッドに当たった振動はスカートを震わせてもいる。僕が出会ったなかで最強のバズベイト。飛距離は出にくい。ペラがヘッドにロックすることで、飛行中に全体が回転して飛んでいくのでラインがよれやすい。そういう使いにくさを差し引いても、なお充分なほどの爆発力がある。スローリトリーブ性能も高い。ブッシュなどの際とかを引いてチュドーン!と水面が弾けたら最高!!

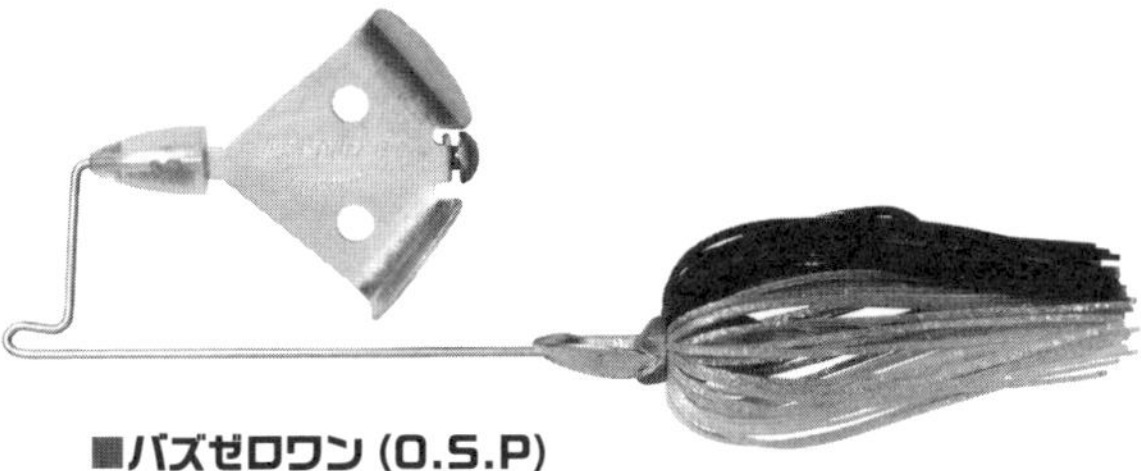

■バズゼロワン（O.S.P）

ダイナモバズの対極。サウンドはキュルキュル系。速めに引いてこそよさが生きるタイプのバズ

■バズゼロツービート・パピー（O.S.P）

サウンドはクラッカータイプでカンカン鳴る。自分が使うバズの中心的存在。テンポよく引けるし、適度にうるさいので威嚇系のバイトも取れる

第4章　緩急と強弱の技術論

[ハードベイト・ジグ編]

前章でご覧いただいたボックスの中身とインプレッションから
川村光大郎が「特化した性能のルアー」を好むことや、
リトリーブスピードの対応幅に着目していることを感じていただけたと思う。
本章では、第2章「緩急と強弱の技術論」の後編としてハードベイトとジグを取り上げる。
「特化した性能のルアーのパワーを引き出す」ことを重視する、
川村光大郎の技術論をまとめた。

前日の雨により濁流と化した河川でRPMラバージグ7g（ダイワ）＋No.10ビッグダディー（アンクルジョッシュ）でグッドサイズをキャッチ。この状況を楽しみにしていた川村が、ねらい澄まして獲った一尾だった

キャスト&リトリーブ総論

「食うキッカケ」をより多くバスに与えるために

現在のフィールドでは、あまいキャストでは釣れなくなっていると感じます。何が「あまい」のかはその時々ですけれど、ルアーを入れる位置がカバーの内と外で反応がまったく違うというのはもはやよくあることです。たぶん、どちらのキャストでもバスの視界にルアーは入っていますし、ひと昔前ならどちらも釣れていたキャストになっていたはずです。

最近思うのは、低弾道のキャストってよくないのかも、ということです。チョウチン釣り（木の枝などにラインを掛けた状態でルアーを操作する）がこれだけ必須のテクニックになっていることにもそれが表われているかと。サイトフィッシングでバスを観察していると、ルアーがピュッとバスの頭上とい

うか水面上を通る、その時点でもうバスの警戒心が高まっているのがありありと見て取れることがあるからです。水が濁っていてバスが目視できないフィールドであっても、こちらからバスが見えないだけで、バスからはこちらが見えている、飛んでくるモノを察知していると考えて、プレッシャーを軽減できるようなキャストを意識することは大事だと考えます。

リーリングスピードによるルアーの存在感の変化

ハードベイトを巻くとき、「スピード」の重要性については語られることが多いですが、そのスピードが変化することで、もうひとつ違ってくることがあります。それは「水押し」です。

ハードベイトを速く巻くほど、ルアーの抵抗を重く感じます。僕は、スピードは強さであり、ルアーの重さも強さだと思っています。同じクランクベイトも、ゆっくり引いたときは水の抵抗が弱くなり、速く巻けば勢いよく水をかき分けるので水中では強い存在になるイメージです。

キャストの距離は、水の透明度やエリアの水深と広さなどから決まってくる。また「巻き始めとピックアップ」は1投ごとに必ず生じるチャンスなので、ここを大事にすることは釣果の底上げに直結する

メージです。

たとえばマグナムクランクを潜らせて使うとき、浮力が弱い物はねらったレンジをゆっくり通すことができますが、高浮力の物は速めに巻かないとねらった水深に到達してくれません。そのときに腕に感じる水の抵抗から、マグナムクランクに食ってくるバスを相当選んでいると感じます。

ミスバイトを減らすためのコース取り

コンクリート護岸を巻きモノで釣るとき、僕は護岸の際ベタベタではなく、ひともんどり分、際から離れたところにルアーを通しています。「ひともんどり分」とは、バスが一回身をひるがえすときに、窮屈さを感じずに反転できるくらいの距離のことです。イメージであって厳密なものではありませんが、おおむね30cm程度と思ってください。

なぜ、護岸の際から30cmほど離してルアーを引くのか。もともとは僕も際を引いて釣っていました。とくに変化に乏しいコンクリート護岸では、際やエグレの下にいるバスをねらって、護岸にバズベイトやクランクベイトを擦りつけるくらいベタベタに引いていました。

ところがある日、バズベイトを巻いていたときに、バスのミスバイトが頻発したことがありました。そのときはダイナモバズを岸にコンタクトさせながら巻いていました。バスから見たとき、水面にあるトップウォータールアーは、それより上に逃げることができませ

BOTTOM UP!

ピックアップ時はルアーを横にも逃げさせる

回収時のルアーをバスが食い上げてきた体験は多くのアングラーがしていると思います。これは、ルアーの軌道が水面へ向かうことでバスに捕食のスイッチが入っているのだと思われますが、ならば、ルアーを横にも逃がしてみようというのが写真の操作。なんのことはない、最後にロッドを沖側へさばいているだけです。このあと、ティップで8の字を描いてさらにルアーを泳がせてみるのもアリ。追尾させて食わせることを目的とした、アピール弱めの巻きモノでハマりやすいテクニック……、というかコレはひと工夫ですが、効果はあるのでぜひお試しを!!

んし、なおかつ岸際であれば逃げる方向がさらに制限されます。基本的に［岸際のトップウォーター］はバスにとって捕食行動のスイッチが入りやすい使い方です。だからその日もバイトは多かったのですが、ガバッとバスが出ても食い損ねるのを何度も目にすることに……。

　引くスピードやコースなど、何が食い損ねの原因になっているのか試してみたところ、ねらった物に対してコース取りがタイトすぎるのはよくないとわかりました。バズベイトだけでなくクランクベイトもそう。クランクの場合とくに、表層を引いて下から食い上げさせるような使い方をすると、バズベイトと同じようなミスバイトが何度も起こりました。ルアーの後ろで水面がモワンとするだけだったり、食う直前でバスの動きに躊躇いが見られたり……。

　そのときのバイトシーンから「バスが窮屈そうに食っている」と感じたので、ほんの気持ち、引くコースを護岸から離してみたところ、それだけでバイトの勢いがよくなり、ルアーがバスの口にキレイに入るようになりました。

　ただ、だからといって護岸とルアーの距離を開けすぎると、バイトそのものがなくなってしまいました。どうやらバスにとっては、「尾ビレで1回以上水をかいて、泳いでルアーを追わなければならない距離」と「身をひるがえすだけでルアーを食える距離」にはだいぶ差があるようです。ヒトに例えると、「立って1歩以上歩かなければ、手にできない距離」と「手を伸ばすだけで取れる距離」でしょうか。

　こうしたことがあっての「ひともんどり分」というわけです。ちなみにこれは護岸の際を巻く場合のことです。単発の杭やカバーなど、コンクリート護岸ほどバスのバイトコースを制限しない障害物に対しては、際ギリギリに通しています。

水路のド真ん中を引く

　現在では、ルアーを岸からさらに離して引くこともあります。その典型的な例が「水の透明度が高い、細い水路」。具体的に言えば、旧吉野川（徳島県）の周囲にある水路です。

　水が濁った水路では、護岸の壁にタイトについていることが多いバスに対して、その近く（ひともんどり以内）にルアーを通すことで効率よくバイトが得られます。

　水の透明度が高い旧吉野川周辺の水路でも、バスは基本的に護岸の壁についています。しかし、そこで際を引くと、ルアーが目に見える形でバスに向かって行くことになってしまいます。バスにしてみれば、マッディーウォーターでは視覚的に察知しにくいものが、クリアウォーターでは遠くからあからさまに自分目がけて突っ込んでくるのがわかる。

　バス、逃げます。そりゃビビるよなァと思います。

　これを避けるために、透明度が高くて狭い水路では、ド真ん中にルアーを通します。そうしてしまっても両サイドの際にいるバスが充分ルアーに気づくことができますし、バスとルアーとの距離感がほどよくなります。近くを通したら「何か突っ込んで来た」とビビらせてしまいますが、あえて距離を取って引けば、バスに「見つけた！」と思わせることができ、自発的にルアーを追わせて勢いよくバイトさせることができます。

　水路のド真ん中引きには目安がひとつあって、「シェードの範囲内」ならバスは積極的にルアーを追って食うことが多いです。橋げたが低い橋の下は常にシェードになりますし、雨天・曇天のローラ

「シェードの範囲」が「バスがルアーを追う射程」になっていると感じる。狭い水路に架かっている橋の下は、ド真ん中を引いてみるべきロケーションのひとつだ

イトコンディションもシェードの一種と捉えてド真ん中を引きます。両サイドのバスをいっぺんに引っ張れて効率がイイですし、しかもバスのほうからルアーを追わせることで、やる気がある勢いのいいバイトをもらうことができます。

「巻き始めとピックアップ」を意図的に増やす

巻きモノを使っていると、「着水からの巻き始め」に食ってくることがかなり多いです。それと「ピックアップ時」の食い上げバイトも多い。この2回のチャンスを増やすために、僕は「ショートキャスト」を多用します。同じ区間を巻きモノで釣るとして、ロングキャストしてしまうと単純に巻き始めとピックアップというチャンスの回数が減るからです。

またロングキャストすると、トップウォーター以外はレンジコントロールが難しくなります。トップウォーターなら潜り始めもピックアップもルアーのレンジは変わりませんし、プレッシャーがちょっとでも掛かるとバスは水面に出なくなるので、ロングキャストのほうが有利な点は多い。けれど、クランクベイトなどの引くと潜るルアーは、距離を投げると必要以上に潜ってしまったり、スピナーベイトやバイブレーションなどの沈むルアーも、引いているレンジのイメージがボケてしまいがちです。さらに護岸際など、バスとルアーとアングラーが一直線に並んでしまいがちな場所でロングキャストすると、ルアーがバスに到達する前に、バスの近くでラインがブルブルと振動し続けていることになります。こうなるとバスは身構えてしまい、突然現われたルアーに思わず！　という不意打ちの効果も激減してしまいます。ルアーの効果を落とさず、巻き始めとピックアップというチャンスの回数を増やすために、ショートキャストを上手く活用してみてください。

ピックアップ時の軌道を横にも曲げてみる

巻き始めにバイトが多いのは、着水に気づいたバスが注視してい

巻きモノにはちょっと硬いと感じるバーサタイル系のロッドを使用する場合、親指をリールから浮かせたり、ワンフィンガーで持ったりして、あえてグリップに力が入らないようにするのも手だ。バイトの衝撃を吸収して弾きにくくなる

る目の前でルアーが泳ぎだすことによるリアクションバイトです。一方でピックアップ時のバイトは、ルアーの軌道が上を向くことがキッカケになっています。バスにとって水面はエサを追い詰めやすい場所なので、そちらへルアーが向かうことでスイッチが入るわけです。

護岸際にルアーを引いてきてピックアップするとき、僕はロッドを沖側へさばき、ルアーが岸から離れて行くように泳がせつつピックアップします。縦の軌道変化に横も加えたほうがバスが反応しそう、と考えて始めたことだったのですが、実際にこうすることでバイトが増えました。バスにしてみると、食いやすそうなコース（護岸際）から食いにくそうな沖へルアーが離れて行くことで、瞬間的に「いま食わなきゃ！」となるのかもしれません。

巻き始めもピックアップも、1投すれば必ず2回生まれるチャンスですので、そこを大切にすることで上乗せできる釣果は多いです。キャストの飛距離についても、チャンスである巻き始めとピックアップの回数を念頭に置くことで、1投のクオリティーを上げられれば、長い目で見て釣果にかなりの差がついてきます。

ファストとスローに潜む対極の性質

スピードとルアーの性質

ルアーパワーをどう引き出すか

バスフィッシングでは、ルアーという生きエサではないものをバスに食わせなければならないので、ルアーやリグの特徴を生かすことが重要になってきます。

例としてレゼルブ（DSTYLEの小型羽根モノ）とガストネード（ダイワのシンキングダブルプロップ）を挙げます。

レゼルブは、虫系ルアーとして使っても、普通の羽根モノのようにスローに巻いても釣れるのですが、「ほかにない特徴」としてパワーを感じたのが「速巻き」です。

前提として、羽根モノはよく釣れるルアーなのですが、基本的に特徴が生きるのはゆっくり巻いたとき。どんなにレスポンスがいいクランクベイトも、羽根モノほどゆっくり引いたら釣れるアクションはしてくれません。ボディーサイドにあれだけ大きな羽根が、水を受けるパーツとして突き出しているので、デッドスローで引いてもリップより圧倒的に水を掴んでアクションしてくれるからです。

レゼルブも、そうした性能をもちろん備えています。そのうえで、速巻きしても釣れるところに痺れました。レゼルブは小型で、羽根が樹脂でできている（軽くしなる）ので、速く引いてもアピールが強くなりすぎません。通常、羽根モノにかぎらず、ルアーは速く引くほどアピールが強くなり、一定を超えると釣れそうにないアピールや存在感になってしまいます。水をかき分ける勢いやアクションが過剰になってしまうんです（リップ付きのビッグベイトを速巻きすることをイメージしてみてください）。

ハイピッチ性能に優れたルアーを速く引くのは「せわしなさ」に特化した使い方として僕もよくやりますが、金属製のウイングを備えた大型の羽根モノでこれをやると、さすがにやりすぎ感が出てしまいます。ところがレゼルブは前述したような特徴から、水面から飛び出さないギリギリの高速（たまに飛び出すくらい）で引いても、やりすぎになりません。釣るためにスピードの要素を使うことができる、小場所のスレたでかバスも嫌がらない線を突いたルアーだと感じます。

例としてレゼルブを挙げましたが、誤解を恐れずに書けばこのルアーの速巻きはキャロに近い。キャロは広範囲をサーチする「効率のよさ」と「食わせの機能」を両立したリグで、「リアクション」も仕掛けられる。その観点ではレゼルブも近いことができるルアーです。

本体はゆっくり動きつつ一部だけがせわしなく動く

ガストネードのようなシンキングダブルプロップが近年よく釣れるルアーとして注目されているのも、「特化した性能」や「緩急が

ガストネードでキャッチ。流れに対してダウンストリームでキャストし、ルアー本体は本当に微速前進しているか、いないか、くらいのスピードに食ってきた。ほぼ止まっているような状態でもルアーがただの棒にならずにバスを誘ってくれるのは、プロップが超高速回転しているから

利いている」という要素を備えているからだと思います。

　シンキングダブルプロップは、全体としてはゆっくり動いているのに、そのなかの一部分（プロップ）は、ヒトの目で捉えきれないほどの超高速で回転しています。スピードとしてはI字系ルアー（プロップなし）とほぼ同じなのですが、プロップの回転によってボディーにぶら下がっているフックにバスの目がいきにくく、見切られにくい。アングラーにしてみれば、適度な引き感が得られて使いやすい。こうしたメリットもありますが、チェイスに終わらず、最後（バイト）までいく率が高いのは「ゆっくりだけれど超高速」というのが、バスにしてみれば口を使わずにはいられない要素なのだと思います。

バスは見ている

　プロップの超高速回転がヒトの目には捉えられないように、HMKLの泉和摩さんがおっしゃる釣れるジャークベイトの条件（ダートしながら、そのルアーが本来持っているローリングアクションもしていること。ジャークによってルアー全体が素早く動くだけでなく、同時にローリングアクションも加速していること）も、よく観察しないとヒトの目ではなかなか気づけません。

　けれど、バスはよく見ているなァと感じるのは、ジャークベイトならパッと見のアクション（おもにダート）は同じでも、釣果が出る物とそうでない物には確実に差がつく。シンキングダブルプロップの場合は、プロップにゴミが絡んだりシャフトが歪んだりして回転が悪くなると、途端に食いが悪くなるといったことが起こるからです（シンキングダブルプロップは、ぶつけたり釣ったりしたあとはシャフトが歪んでいないか要チェックです）。

　これは、あからさまに釣果に差が出る例ですが、動体視力だけでなく、細部の観察力という点でも、バスはどこまで見ているかわかりません。そしてわからないと書きつつ、僕はバスには相当見えていると実感しています。

　バックスライドに用いるソフトベイトにしても、ただ紙飛行機のように水中を滑る物と、スライドしながらロールする物、さらにはテールなどの一部分が生命感のある動きをしている物では、後者のほうがやはり釣れます。

　キャロに関しても、硬く張りのある素材のソフトベイトはクイックなダートアクションをしてくれますが、軟らかくてしなる物のほうがダートの余韻が複雑であったり、フォール中の動きに生命感があったりして、やはりバイトが多く得られます。

　いずれにしてもヒトには簡単には気づけないほどの些細な違いでしかありません。でも、そこを見てるんだろうなァと実感することはいくらでもあります。

　それでもバスにどこまで見えているのか、本当のところはわかりません。なら、「すべてを見られている」ものとして細かい部分にまで気を配り、そういう細かいことの積み重ねが釣果の差になっていくというのが僕の基本的な考え方です。

こうした狭い水路で引いて、アピールが過剰にならない羽根モノはあまりない

バズベイトを例に考える、時間とサーチ性能の関係

［チャンスタイムを生かす］ルアーセレクト

夏の夕マヅメの定番ルアーから考える

僕が大好きなルアーにバズベイトがあります。とくに夏の夕マヅメは、昔も今も何とかのひとつ覚えでバズだけを巻いているといっても過言ではありません。

夏の夕マヅメといえばバスフィッシングにおいて典型的なチャンスタイムのひとつですが、この時間帯に僕がバズを巻くのはもちろん釣れるから。だから大好きなわけです。とくにイイと感じるのは［日没前の30分間］。1時間前だとまだ光量がけっこう多かったりしますし、夏の夕暮れ時の横からの陽射しは強烈ですので、本当のチャンスタイムは太陽が地平線に隠れ始めたあと。明るさがぼわァっと残っているくらいになってからです。

30分間は釣りをしているとあっという間に過ぎてしまいます。このチャンスタイムの短さが、僕がバズを選ぶ理由にもなっています。

バズは、ほかのどのトップに比べても、同じ時間内でカバーできる距離が長いルアーです。手返しがイイのでキャスト数も稼げて、引ける距離が長い。トップウォーターは全般に効果範囲が広いルアーですし、なかでもバズはアピール力がある。ベイトフィッシュが上ずってバスの活性が上がっているこの時間帯に、できるだけ多くのバスにアピールしようと考えると、バズが第一候補になるわけです。

バズの強弱とスピードをセットで使い分ける

バズはトップウォータールアーなのでラインの存在にもそれほど気を遣う必要はありません。護岸際を引くとき、例の「ひともんどり分」に注意するくらいで、バスがいそうなところの真上を通すようにコース取りして引いてしまってかまいません。

ただし、リトリーブスピードは、使用するバズのキャラクターによって調節しています。たとえばHMKLのダイナモバズ。このバズのようにペラが大きくて、ヘッドとペラとのヒットサウンドでもアピールするタイプは、引くのが速すぎるとやかましすぎて釣れなくなります。この手のバズは、ゆっくりカチカチ引くだけで充分に強いストライクが得られます。よく言われるように、バスが怒っているのかはわかりませんが、本能に火を点けて襲わせるタイプのルアーだとは感じます。

BOTTOM UP!

［岸から遠ざかるバズ］を選ぶ

バズにはレフトターンとライトターンの２種類がラインナップされているモデルがあります。引いたときに、アングラーから見て左に曲がって行く物がレフトターン、右がライトターンです。

どちらが好きかと聞かれたら、「できれば真っ直ぐ物が好き」なのですが、そうでないバズのなかにも気に入った物があるのでどちらかを選ぶしかありません。僕は、自分から見て岸から離れていく方向へターンするバズを選びます。岸に立って左へ進みながらキャストして進んで行くなら右へ曲がる物を、右へ進みながら歩いていく場合は左へ曲がる物を使います。逆方向にターンするバズを使うと、岸にあるカバーや障害物に向かって突っ込んで行ってしまうからです（岸から遠ざかる方向にターンする物ならアングラー側のロッドワークで岸に寄せて引くことは可能）。

ペラやヘッド、スカートの色に関しては、「水がマッディーでもクリアでも万能に使える」という意味でブラックとホワイトをベースに使ってはいます。が、よく言われるように「ブラックはミスバイトが少ない」ということは実感できていないので、自分で体感していないことにはこだわっていません。あくまでも「黒と白は万能色」という観点から使っています。

スペシャルなカラーをひとつ挙げろといわれたら［日没前30分間のチャート系］です。光量が落ちていくなかでも単純に目立つからです。

　ダイナモが発売されたのはもうずいぶん昔のことになりますが、現行品と比べてもかなりハイアピールで、これも「特化」したルアーといえます。ヘッドの中にブラスの玉が埋め込まれていて、パテントペラ（大）とぶつかって打撃音を奏でる。そのカンカン音が水中に響くだけでなく、振動としても水中に伝わってるように思いますし、その振動でスカートも震える。最も強いバズベイトだと思います。ペラがでかいし、ヘッドとぶつかる構造上、全体が回転して飛んでいくのでラインがヨレまくりますが、それでも欠かせないルアーです。

　対極にあるのがゼロワンバズ。これは速く引くといいタイプのバズです。ペラが小さいのでよく飛び、スピードで勢いのあるストライクが得られます。ダイナモと逆にスローに引くのは苦手ですが、速く巻いてもうるさすぎませんし、むしろ速く巻いたときにいいスクイークサウンド（ペラとシャフトやリベットとの擦れ音）が出ます。

　バズに限らず、速く動くルアーに対してはバスも速く泳いでアタックしますし、ゆっくり動くモノにはバスも遅い食い方をします。羽根モノや虫系など、バスが食うのに勢いがいらないルアーは掛かりが浅くなったりしますが、ゼロワンバズで掛かったらまずバレません。バズはゆっくり引ける物ほどイイとされることがありますが、それだけではない。何かの際から引きたいときのレスポンスは劣りますけれど、ゼロワンバズのようなタイプも必要です。

実は汎用性が高い!?

スピナーベイトを疑う。スピナーベイトを信じる

サーチベイトとしてではなく

僕のオカッパリで圧倒的に使用頻度の高いルアーがスピナーベイトです。理由は「根掛かりしにくいから」ではありません。ファストムービングのなかで、さまざまな状況やバスに対して最も対応力があるのがスピナーベイトというルアーだからです。

スピナーベイトといえば、一般には「バスの活性を上げる何かしらの条件が整ったときに強いルアー」とされます。けれどそれは、僕のなかではクランクベイトに代表される「プラグ」です。プラグこそ、雨風やローライトなどのコンディションが整わないと釣るのがキツいルアーだと感じます。例外としてシンキングダブルプロップなどもありますが、晴天無風で食わせられるプラグというのはかなり限られた存在です。

僕はスピナーベイトに万能性を感じていますが、サーチベイトとして、ただ投げて巻くだけの使い方に限定されたらそうでもありません。オカッパリではとくに「広範囲を探っているときに食ってきた」ということは近年ほとんどありません。ボートフィッシングではサーチしながら釣っていったほうが取りこぼしが少なくなりますが、オカッパリではどうしてもエリアが限られるので、サーチでの出番は減ります（バスをサーチするためにスピナーベイトやクランクを投げることがまずない）。

撃ちモノのようにスピナーベイトを扱う

スピナーベイトというルアーの凄さは「瞬間的にバスにスイッチを入れる力の強さ」。これに関してはルアーのなかで1番なのではないかと思います。だから僕の使い方は、投げて巻くのがメインではなく、ジグなどの撃ちモノのようにねらったスポットに対して静かに撃ち込んだあと、「巻き始めからハンドル3、4回転以内で食わせる」カーブスローロールを多用します。

この使い方は小貝川に通っていたころに覚えたのですが、のちに見えバスを釣るためのテクニックとしても非常に効果的であることに気づき、今ではバスが目視できない状況でも、「バスの口もとにスピナーベイトを導く」ことをイメージして使っています。マッディーでもクリアでも、このテクニックはフィネスな釣りにスレきって、ルアーを学習してしまったバスほど効果があります。

キャストしても逃げず、ルアーに対して「それ知ってるよ」とでも言わんばかりのバスの目の前に、突然スピナーベイトを出現させる。すると、思わず食ってしまう。「思わず」としか表現しようがないのですが、この釣りが効くバスは本当にそんな感じで口を使います。水の透明度は関係ない。バスがアングラーに気づいているかどうかも、泳いでいるかも止まっているかも関係ありません。そのバスがこの釣り方に反応するかしないかだけ。サイトフィッシングの持ち駒はほかにもあるのですが、いろいろ試したあげく「スピナーベイトだけは食った」ということが何度もあります。

スピナベサイト

この釣りは、バスの近くにできるだけ静かにスピナーベイト着水させて、着水直後から前後のブレードをキレイに回しながら、カーブフォールで速やかにバスの口もとへ持っていく。それだけです。

ブレードをキレイに回しながらバスの口もとへスピナーベイトを誘導するために、ロッドワークで引いたりもしますが、この操作自体に食わせの秘密があるわけではありません（そのようなことをよく質問されるので）。

コツがあるとすれば、バスを見つけた瞬間にとっさにキャストすること。ですので、バスの顔の向

きに対してどうスピナーベイトを通すとかは選びません。

あとは食うのが見えたら（距離が遠い場合は、バスのエラの動きなどからスピナーベイトを吸い込んだことを確認したら）即座にアワセを入れます。バスは「思わず」口を使ってしまったからなのか、それが異物だと気づくとすぐに吐き出すからです。

この釣りが効きにくいというかやりにくいのは、バスのレンジが深いとき。ブレードを回しながらバスの口もとへスピナーベイトを沈めていくのに、どうしても助走が必要になるため、近づいてくるスピナーベイトをバスにハッキリと認識されてしまうからです。

また、スピナベサイトは1投目が勝負。2投目で釣ったこともありますが、反応する確率はほとんどノーチャンスと言っていいくらい下がってしまいます。その代わりこれが効く魚であれば、バスからもこちらがバッチリ見えていて両者の距離が1mしかなくても、アングラーに気づいて逃げている最中のバスでも食ってきます。

ブレードのタイプはダブルウイローでもタンデムウイローでも可。ブレードの回転レスポンスがイイ物を選んでください。それと水の透明度が高いフィールドやエリアでは、ブレードカラーは「ガンメタ」がオススメ。ヘッドとスカートも小魚っぽい地味な色合いの物が実績が高いです。

このスピナーベイティングは、シンキングダブルプロップと共通する点があります。スピナーベイト本体はカーブフォールしているので、速く動いているわけではない。けれど、その一部（ブレード）は高速で回転しているという点です。ブレードの回転レスポンスがよくないとバスが反応しにくいところなども、プロップの回りが悪いシンキングダブルプロップとそっくりです。

縛られても困らない

スピナーベイトそのものに話を戻します。スピナーベイトは、プラグより障害物に強く、アシをすり抜けさせたりオダを乗り越えさせたりして、障害物に絡めて引くのが得意。集魚力があってスピーディーなチェックに向き、カバーできるレンジの幅が広い。バスに思わず食わせてしまうチカラがあり、ピンスポット攻略での爆発力もある。秋が深まって一年のなかで蓄積したプレッシャーが最高潮に達し、水もクリアアップしてきて食わせの釣りが効かない状況でも、スピナーベイトだけは釣れたりします。

スピナーベイトはこうしたさまざまな機能を備えたルアーなので、例えば取材で「スピナーベイト縛り」のお題をもらっても困りません。喜んで！という感じ（これがリグ縛りなら嬉しいのはネコリグ）。スピナーベイトは、バスの活性が高くてイケイケの状況に強いだけのルアーではありません。融通も応用も利くルアーですので、先入観を捨てて使ってみることをオススメします。

BOTTOM UP!

まるで目の前に生きエサを投げ込まれたかのような……

スピナーベイトをサイトフィッシングに使っていて、バスの反応でコレに一番近いと感じるのが、実は「目の前に生きエサを投げ込まれたときのバスの反応」です。アングラーに気づいて逃走中のバスのなかにすら、スピナベサイトには食ってしまうバスがいる。そんな状況のバスでさえも「思わず」食ってしまうのは、本物のエサとスピナーベイトくらいなのでは？

この釣り方を説明するとき、「思わず」や「リアクション」という言葉を用いることが多いですが、そもそもリアクションもバスが「捕食」のために備えている反応のひとつです。自然界でちんたらしていたらエサを食い損ねてしまうので、フィッシュイーターは時に「考える前に口を使う」必要があるからです。

そういうわけでスピナーベイトは、リアクションバイトを誘発する機能が最優先とされますが、僕は小魚の群れを演出してくれるような「生き物っぽさ」もスピナーベイトに求めています。

パワフルなルアーの出しどころ

濁ったら〝強く〟いく!!

「大きいバスをたくさん」釣りたい

僕は「釣れれば大きい」釣りをしたいのではなく、「大きいバスをたくさん釣りたい」ニンゲンです。小さいバスをたくさん、ではなくグッドサイドをたくさん。ノーフィッシュとか無理です。コワいです。僕は、釣りに行ったら絶対に釣りたいです。

そういうこともあって、僕はビッグベイトをあまり使いません。必要な状況が明確で、ないと困るのが明らかなルアーなのでボックスには必ず入れていますが、多用するかと聞かれたらNOです。ビッグベイトと呼ぶにはひと回り小さい、ダッジやカワシマイキー級のルアーはまだ投入機会が多いですが、3ozを超えるものとなるとほぼ出番がありません。ビッグベイトに可能性を感じて使い込んだ時期はあるのですが、現時点で絶対に必要というふうにはまだ思えていません。一日それだけを投げ続けるような釣りも、僕の性格では耐えられない部類の釣りだとわかっています。もちろん、こうした釣りのスタイルを否定するわけではありません。言うまでもなく、バスフィッシングは楽しい趣味ですので。

こうしてまだビッグベイターにはなれない僕ですが、「パワフルなルアー」やそれが生きる状況は大好き！ こうしたタイミングは、普段フィネスフィッシングのほうが圧倒的に有効なフィールドにも必ず訪れます。わかりやすいのは大雨のあとの濁りと増水。そういうときは、僕も「強く」いきます。

カッパ着て ガンガン行こうぜ！

濁りによってフィネスルアーが効かなくなるということもあるのですが、雨後の濁りに非常にうま味を感じるというのが、僕が「強くいく」一番の理由です。こうした状況では、普段はどうやってもルアーに口を使わないような大型を釣るチャンス。濁りでルアーに騙されやすくなってくれますし、増水で新たなシャローが誕生したり、流れが強まることでエサが流れ落ちてきたりすることで、単純にバスの活性が上がることも期待できます。濁りや雨によってつぶれる場所も多く出てきますが、それもプラスに捉えれば、バスのつき場を狭く絞り込むことができます。

多くの釣り場で「50cm」はひとつの壁になる数字ですが、その壁を普段と比べて遥かに簡単に越えられるのが大雨のあとです。日本では3日に1度くらいのペースで雨が降りますので、チャンスはけっこう多い（小雨でも濁るエリアは濁りますから）。雨後の大河川などは危険がともないますので釣行を控えるべきですが、そうでない釣り場では「雨に濡れるのがイヤだから釣りに行かな

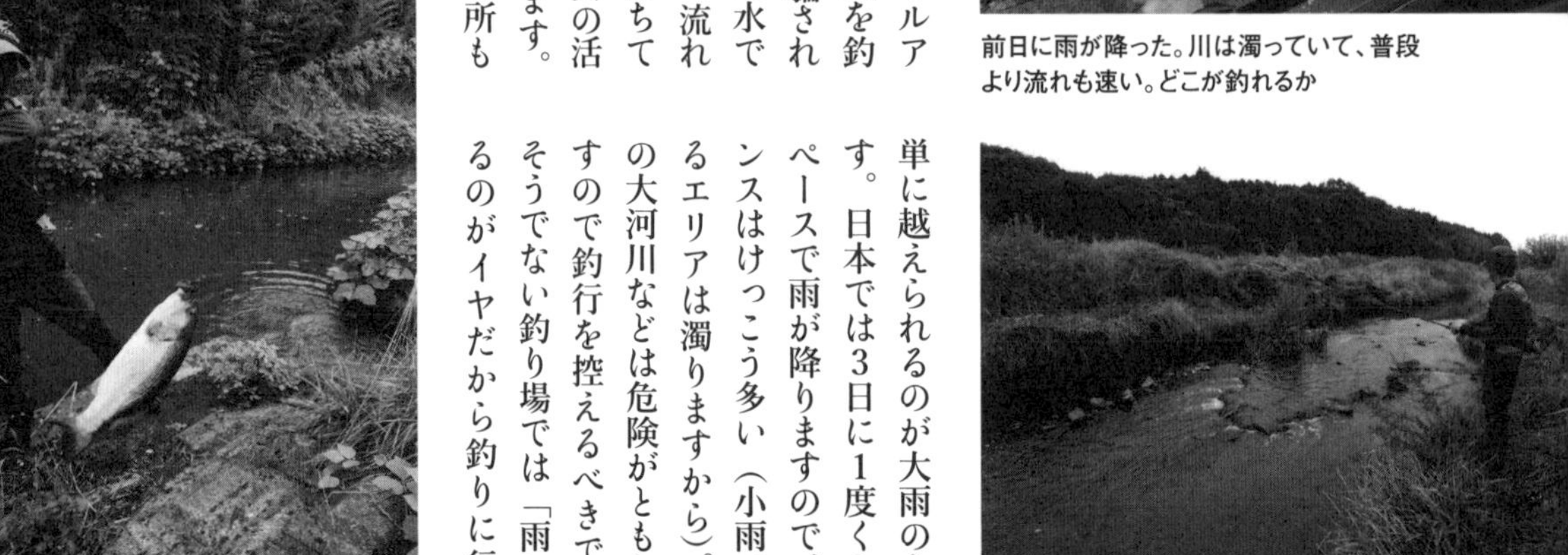

前日に雨が降った。川は濁っていて、普段より流れも速い。どこが釣れるか

魚止めになる瀬ではバイトなし。流れが速すぎた

瀬から200mほど下流へ移動しても流れは速かったが、小さな水門のくぼみを発見。ここなら速い流れを避けられそうだとジグを入れてみると一撃で食った!

BOTTOM UP!

専用ウエアは釣果を底上げしてくれる!

日本では3日に1日くらいのペースで雨が降ります。なのに、「雨に濡れるのがイヤだから……」と言っていたら、釣行日自体が激減してしまいます。それに、雨の降り始めや雨後の濁りは大チャンス!　その好機に快適に釣りに集中するために、釣具メーカーが作る専用のレインウエアは欠かせません。

僕はダイワのサポートを受けているのですが、ダイワの近年のレインウエアは素晴らしいです。以前、登山などのアウトドアアクティビティー用に作られたレインウエアを着ていた時期もあって、防水性や防風性に関してはそれなりに満足していたのですが、ダイワのレインウエアを着てしまったら元の装備には戻れません。満足していたはずの防水性や防風性に関しても、バスフィッシングを想定して作りあげた物はやはり違います。動きやすさ、そで周りの防水性、負担が掛かりやすい箇所の補強、風に強く視界を妨げにくいフード……、これはバスフィッシング専用のタックルだと強く実感できる機能が随所に盛り込まれています。

インナーも吸湿・速乾性に優れ、レインウエアに対して滑りのイイ物のほうが快適です。そして、オススメしたいのが5本指の靴下!　足の踏ん張りに関して、シューズやブーツのソールにこだわる方は多いのですが、意外に気づかれていないのが、僕らは靴の中でも足の指でインナーソールに踏ん張っているということです。5本指のソックスは足の指のグリップが強化されることで、踏ん張りが利くようになるだけでなく、楽に踏ん張れることで疲労がかなり軽減されます。レインウエアのように、購入するのに気合が必要な価格でもありませんので試してみてください。

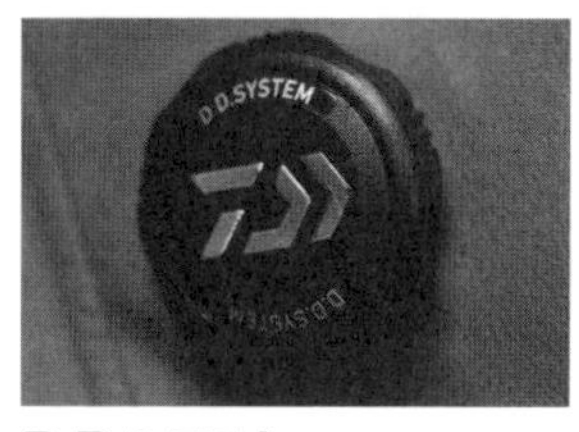

D.D.システム
ウエアやブーツなどの内部に通した極細ワイヤーのテンションを、ダイヤル調節によって締めたりゆるめたりすることで、ジャストなフィット感を得られるシステム。フードのD.D.システムは、バスボートで高速航行するときの風でめくれ上がらないように瞬時に調節可能

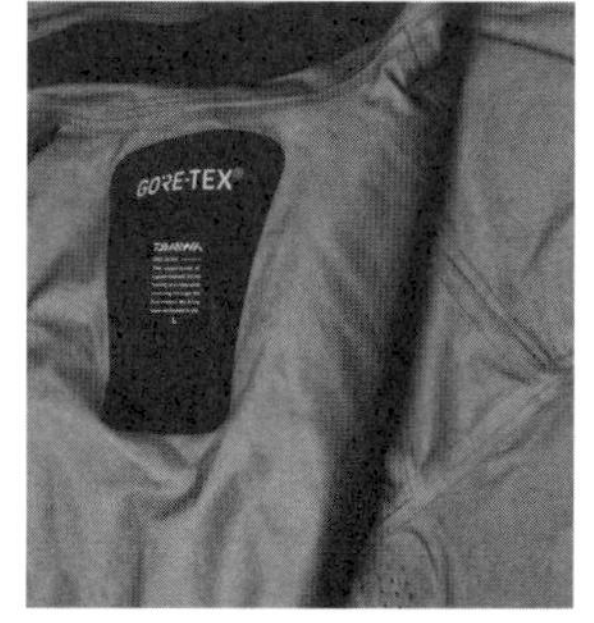

釣りの動きを妨げないように立体裁断された防水生地、縫い目から浸水しないように丁寧に仕上げられた縫製とシーリング、釣りで負担が掛かりやすい箇所への補強や生地の厚みの使い分けなど、レインウエアにもバスフィッシング「専用」と呼べる作りや機能がある

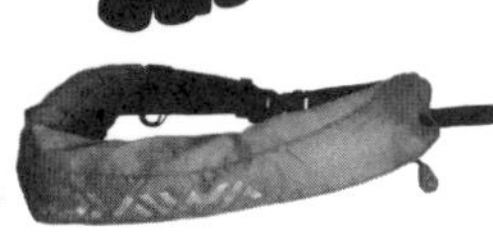

い」というのは非常にモッタイナイ話だと僕は思います。提案として、釣具メーカーが作っているバスフィッシング専用の高機能レインウエアを試してみることをオススメします。新しいタックルやルアーを導入したとき、その機能性に驚かれたことがあるかと思います。専用レインウエアを未体験の方は、きっとビックリされるはず。高価ですが、ロッド1本、リール1台購入すると思えば、レインウエアを入手することを検討されてもよろしいかと。

チャンスだと思った日の釣行では、まずは普段のプレッシャーを忘れてください。僕のタックルのイメージとしては、普段ベイトフィネスメインのフィールドに通っているとしたら、その日はロッドがミディアムヘビー以上でラインは16Lb以上といった感じ。クランクベイトも普段がブリッツならブリッツMAXへ、カラーもナチュラル系からチャートブルーバックへと、全面的にパワーアップして望みます。カッパ着てガンガンいってください!

細やかに備えて、パワフルに釣る

ラバージグ&ポークラインド

ジグ&ポークは死んだか

ラバージグはもともと好きなルアーのひとつで、ガード付きの軽いフットボールジグをおもに中層のスロースイミングで使っています。ピッチングで軽く振り込む程度の近距離で、ねらうレンジは水面直下だったりボトムを切ったくらいの深さだったりといろいろ。着水させたあとはロッドを縦にさばいて水中のジグをトン、トンとホップさせながら、トレーラーのポークラインドにほわっ、ほわっと水をキックさせます。バスを引っ張り上げるチカラがある釣り方ですし、バイトを見たいという気持ちもあって、ジグを目視できる浅いレンジでやるのが好きな釣りです。

しかし、近年のオカッパリでジグの出番はめっきり減ってしまいました。

スナッグレスネコを使いだす以前は、サーチも食わせも利き、カバーを撃ててオープンウォーターでは横に引いても釣れるルアーとして、軽いセミフットボールジグにアンクルジョッシュのジャンボフロッグやドライブクロー3inをセットした物をよく使っていました。

とくにエリアを新規開拓をするときは、ドンドン動いて、1回通った場所に戻るつもりも時間もないので、バスがいたらそのときに確実に食ってくるルアーとしてジグを信頼していました。ところが、バスに掛かるプレッシャーが年々キツくなってきたところに、スナッグレスネコの完成が重なり、僕にとってラバージグは以前ほど多用するルアーではなくなりました。

ポークという特別な存在

とはいえ、ラバージグは今も僕にとって重要なルアーであることに変わりはありません。しかもポークをトレーラーにした組み合わせには、ほかのルアーにはない効果を実感しています。僕の感覚ではポークはバスが圧倒的に食うルアーで、しなやかなアクションがとにかく素晴らしく、ジグトレーラーのなかでも特別な存在という位置付け。天然素材の質感や、もしかしたらニオイもプラスになっているかもしれません。少なくともキャットフィッシュがやたらよく食うのは事実です。

そうした味やニオイの効果にも期待していますが、ポークの一番イイところはやはり動き。ふにゃっとくねるあの動きはソフトベイトでは出すことができません。し

ゼロスリー・ハンツ（ガード付きセミフットボール）は、スナッグレスネコリグが完成するまで最も汎用性が高いルアーとして多用していた

なったときにS字や円を描くくらいの、あそこまでのふにゃり感を出そうとすると、ソフトベイトでは相当薄く作らないとダメで、そうなるとペラペラすぎて水を押してくれません。

けれどポークは、ふにゃっとしていながら水も押します。土台（フックを刺す部分）の面でも水を押します。水面直下で前述のスイミングをしていただくとよくわかると思いますが、ポークのキック力は水面を盛り上げるほどです。またフォール時の細かいバイブレーションも魅力。そんなポークにとってジグは最高の相棒だと思います。

ジャンボフロッグとビッグダディー

僕がよく使うポークはジャンボフロッグとビッグダディーです。昔はジャンボフロッグが大きく感じたものですが、今はぜんぜんそう感じない。むしろもっとボリューミーなビッグダディーのほうをよく使います。形もビッグダディーが好き。これくらい足が長いほ

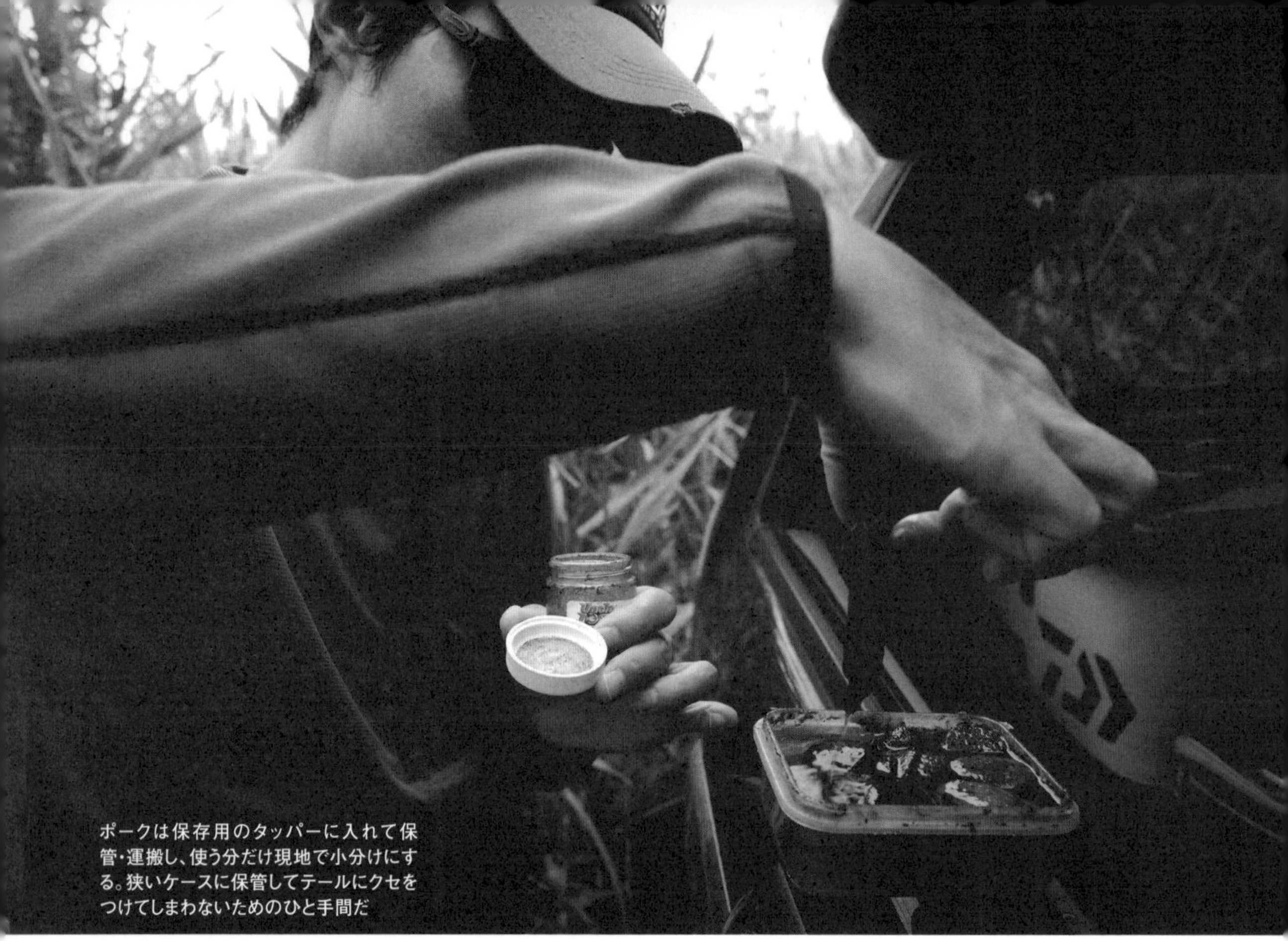

ポークは保存用のタッパーに入れて保管・運搬し、使う分だけ現地で小分けにする。狭いケースに保管してテールにクセをつけてしまわないためのひと手間だ

うがフォール中に細かく震えてくれます。

ただし、ポークには難点がいくつもあります。

まず、もう製造していないこと。これはポーク好きにとって最悪の事態です……。

次に、気持ち悪いこと。ぬるっとして脂ぎっていて、それが釣れる要素とわかっていても、気持ち悪いものは気持ち悪い。僕は、ジグ&トレーラーを収めたミニバッカンの中に割り箸を常備しています。ジグにセットするときはともかく、その日使うポークを「選別」するときは触りたくないので。

そして「選別」するということは、ソフトベイトと違って製品にバラつきがあるということです。僕が好きなのは「折り曲げたときに、皮と皮が抵抗なくくっ付くくらいソフト」な状態のポークです。といっても足が薄っぺらい物は水を押さないので嫌い。「厚みがありつつもやわらかい」のがベストです。

ポークを育てる

ショックなのは、どのポークも育てればベストな状態になるのかというと、そうではないこと。売られている状態で、硬すぎる物、クセがキツイ物は、頑張って手を施してもイイ状態にはなりません。

でも、手を施せば一軍レベルに昇格する物はあります。狭いビンに入れられたポークは丸まってクセがついていますから、まずはそれを正します。ナイフの背でトントン叩いて、やわらかくするのと同時にクセをとります。それでも硬いままの頑固者は、ポークの足

を指でつまんで折り曲げてグニグニ揉みます。すると、しだい芯があるような硬い感触が薄れて、足がしなやかになってきます。

と、ここで気をつけなければならないのが、狭いビンに戻すとまたクセがついてしまうこと。足を伸ばした状態で入れられるタッパー（密封性重要!!）に並べたら、とりあえずフィニッシュです。「とりあえず」というのは、広い容器に入れておいても元の形や硬さに少し戻ってしまうことがあるからです。そうなる可能性が高いポークとは長期戦を覚悟。ポークソフトナー（専用の柔軟剤）を溶かした保存液に浸しておきます。

ジグゼロワン（O.S.P）+No.11ビッグダディー（アンクルジョッシュ）
フックをチョン掛けする土台の部分は、脂身が下になるようにセットする（脂身側からフックを刺して皮のほうへ抜く）

ジグも育てる

ポークの相棒として使用するジグのスカートは現状、個人的にはゴム製が好き。軽いスモラバの短いスカートは、素材の張りによってパッとフレアするシリコンラバーが合っていますが、ここで取り上げているようなジグにはゴム製スカートのフレア感のほうがマッチします。アクションをつけたりフォールさせたりするときはキュッとすぼまって、そのあとふわっと広がる動き方は、今のところはシリコンスカートでは表現できません。シリコンにも発色のよさやカラーバリエーションの豊富さといったメリットがありますが、ゴム製スカートのほうが食うというのが実感です。

ツインラトラー（オフト）
ポークをチョン掛けする前にフックに通しておく

ゴム製スカートは、市販の状態では劣化防止の粉がまぶされていて白っぽくなっています。その粉が水を弾いてしまうので、最低でもキャストする前に水に浸けて揉んで、粉を落としてください。

僕の場合はジグをソークします。フレア感や発色がよくなりますし、ゴムのニオイがするよりは本物のエサのニオイがしたほうが釣れるはず。少なくともマイナスになることは想像できない。なら、やる。それが僕のスタンスです。

ジグのソークに使っているのはバイトバスリキッドのエビ（ノリーズ／ソフトベイトのソークが本来の用途）です。ジップロックなどの袋にジグを入れて、バイトバスリキッドを数滴たらし、揉んで全体に行き渡らせたら2〜3時間放置。放置したことを忘れてあまりにも長時間ソークすると、スカートが

ベタベタの再起不能になるので注意。2～3時間ソークしたら、袋から取り出したジグを石鹸や中性洗剤で洗ってバイトバスリキッドを洗い流します。

ソークしたゴム製スカートは元の状態よりも太く、長くなります。トレーラーをセットしたときの一体感が損なわれているようなら、スカートをカットしましょう。ラバージグのイイところは、ボリューム感を好みに合わせて調節できることです。セットするトレーラー選びに始まり、ソフトベイトはトレーラーもカットすることができますし、スカートの長さによっても全体の印象がだいぶ違ってきます。

そして水が濁ったときやヘビーカバーを釣る場合など、バスの視界を遮る要素があればラトル（オフト・ツインラトラーなど）をセット。近くにジグが落ちても、バスが違う方向を向いていたら気づかないかもしれませんが、そのときささやかでもラトル音がすれば振り向いてくれるはず。

最後は使う前にブラシガードを左右均等な本数に分けて、真ん中に指を入れ、グッと押さえてガードをVの字に開きます。ブラシガードの中央に隙間が空いていてもガード力が低下しないどころか、むしろ左右からのガード力はアップします。おまけに、アワせたときにフックが通る動線上にブラシガードが来なくなるので、フッキングを妨げないとイイことずくめです。

これでジグの調節は終了です。ニオイとかフレア感とかラトルとか……、ほかにもソフトベイトをトレーラーにするときはテールの

[ポークのデメリット]

■通し刺しができない（する必要を感じることはあっても、実際にやると硬くて滑るので指にフックを刺しそうになる）
■フッキングを妨げることがある。とくにビッグダディーのようなテールが長い物は、低くない確率でテールがフックに乗ってハリ掛かりしないことが起こる

[ソフトベイトのメリット]

■フッキング時にハリ先にトレーラーのテールやアームが乗ってしまっても、簡単に貫通してアワセが決まる
■カットしてボリュームを調節するのが簡単
■通し刺しできるのでジグとの一体感を出すことができる

先端だけをチャートに染めてみることもありますが、正直、手間を掛けたからといって釣果が劇的に向上したりはしません。けれど、小さな積み重ねによってルアーの総合力は間違いなくアップしますし、それによって得られる「自分はベストなルアーを使っている」という自信や自己満足にも効果はある。釣れなかったとしても、ベストな状態のルアーを使っていればこそ「この場所にジグを食うバスはいない」と判断できることも大きいと僕は考えます。

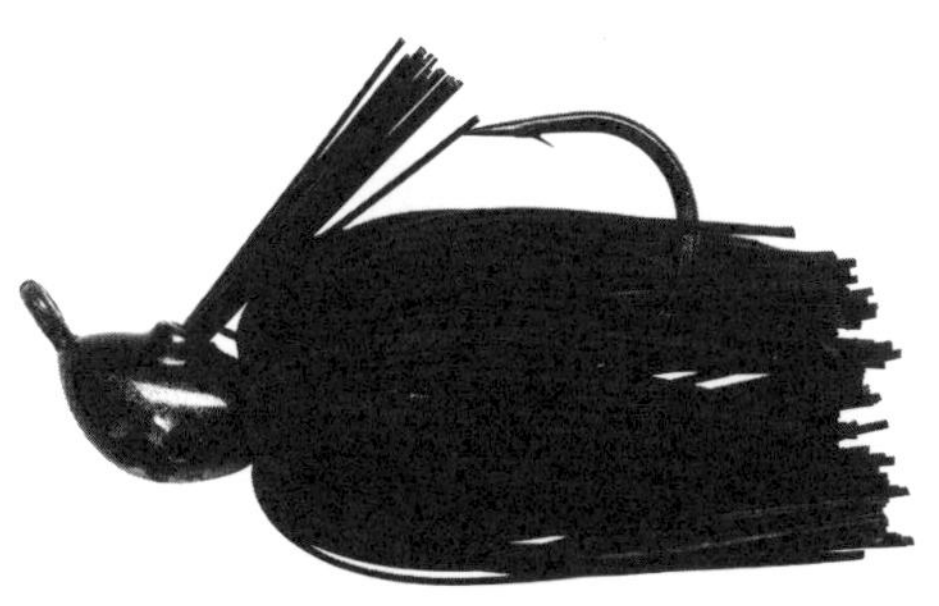

バイトバスリキッドで2〜3時間ソークしたジグゼロワン。ソーク前に比べてスカートの発色がよくなり、太く、長くなっている。ゴム臭から有機的なニオイに変わっている

ジグは使用する前にガードをV字に開く。ブラシガードが20本なら、左右10本ずつ均等に分けて間を指でグッと押さえてクセをつける。こうすることで、フッキング時にハリの動線上にガードがなくなり、ハリ先にガードが乗ってしまってアワセの妨げになることを防ぐ

「強くいく」ジグスイミング

この記事の始めに書いた中層のスロースイミングは、使うジグをコンパクトな物からカバージグに変更し、トレーラーをビッグダディーやエスケープツイン（ノリーズ）にすることで、水が濁ったときにグッドサイズを選んで釣れるテクニックとなります。コンパクトジグの場合と同じく、僕は表層スイミングがメイン。ジグとトレーラーの動きを目で見ながら、縦のロッドワークでふわっ、ふわっと水をキックさせながら引いてきます。

この釣り方は、トレーラーがポークでなければダメということはありません。アームやテールの先端に重みがあり、全体がしなやかに曲がって水を抱き込みつつ後方や下へ蹴り出してくれるソフトベイトならOKです。

ビッグダディーを含むこうしたトレーラーと組み合わせるジグの重さは3/8ozや1/2ozが一般的ですが、こうした重めの物で浅いレンジを引こうとすると、どうしてもジグが手前に寄って来るスピードが速くなり、濁った水中ではバスに見つけてもらいにくくなったり、追い切れなくなったりします。そうならないために、中層スイミングでは3/8ozより軽い物がオススメ。カバーを撃つときよりも1ランク、2ランク軽いジグを選ぶことで、中層スイミングはぐっとやりやすくなります（逆に水がクリアであれば、バスに見切らせないために重めのジグを用いてスピードを出すこともあります）。

BOTTOM UP
Column No.3

すべてを糧に、これからも

プロトーナメントアングラーの技術に触れる

僕が中学・高校生のころのW.B.S.は最終戦がプロ&ユース戦でした。この試合だけ、プロはグラチャンに出ているジュニア選手を同船させるルールだったんです。

このプロ&ユース戦に僕が初めて出たのは中学2年（1992年）のとき。駒井寛さんと組ませていただいて、優勝させてもらいました。駒井さんがねらったのは杭と浚渫。浚渫ではビルノーマンのディープクランクで釣った記憶があります。杭やイケスの柱からはリングイットのライトテキサスで釣りました。もちろん駒井さんもバンバン釣っていました。デビルズクローバンビーノをセットしたジョルジョバナムのラバージグやボッシュのスピナーベイトで。

この試合でジュニア選手は、トーナメントアングラーが競技中に繰り出す本気の技を生で観ることができました。しかも本気のチーム戦（ふたりのウエイトの合計がそのチームのスコアになる）ですから、道具も操作のコツも教えていただける。中学2年生にとって、こんな贅沢な体験はありませんでした。

プロ&ユース戦では本山博之さんとも組みました。プラクティスからご一緒させてもらって、最終戦に向けての訓練をしました。おもに僕の。

テーマは「ラインの変化でアタりをとる」こと。見やすいイエローのナイロンラインでスーパーグラブやカリフォルニアパドルのテキサスリグを操り、フォールさせるときはラインをたるませる、ズル引いてオダを探り当て、乗り越えさせたらラインを送ってフォールさせる、アタリを出すときもラインをたるませ……、言われるがままにやっていると、ラインの変化でアタリをとって釣ることを覚えました。

グラチャンのジュニア選手は皆、年に一度のこのプロ&ユース戦を楽しみにしていました。プロは子どもの面倒を見るのがたいへんだったと思いますけれど、おかげさまで僕らが得られたものは凄く濃厚で、とても多大でした。あのころは釣りに行ったらすべてを日記につけていました。当時は釣果記録くらいのつもりでしたけれど、書くことで一日を振り返って反省したり、学んだことを脳みそに深く刻んだりできたので、イイ習慣だったと思います。日記は今も実家のどこかに眠っているはずです。

高校でもアルバイトでもバスバスバス……

通った高校（1994〜1997年）は茨城県・小貝川の近くでした。僕は学生カバンにルアーをぶら下げちゃってたわけです。そうすると、「なにオマエ、バス釣りやるの？　俺もやってんだよ。いっしょに行こうぜ」ってなる。それで小貝川に行くようになる。その友だちの家にタックルを置かせてもらうようになる。部活がない日の放課後はタックルを取りに行って、小貝川へ直行する日々。それで流れが速い川の釣りを覚えました。

高校時代のアルバイトはもちろん釣具店です。大好きな釣具に囲まれて幸せでした。僕はアプローチというお店で働いていて、そこから歩いて2、3分の距離にエスプリというショップができて、そこでは店員の本田さん（現在はボトムアップ社員の本田通さん）が立ったまま居眠りしていました。やがてエスプリが釣り仲間たちのたまり場になって……、買い物もしましたけど、基本的には食べてダベってばかり。お菓子や飲み物を持ち寄って釣り談義して、たまに買い物もする、みたいな。そのお店で出会った大人たちには本当にお世話になって、今でも釣り仲間です。

本田さんにはインターセプター（バスボート）に乗せてもらって釣りをしたり、その後はスキーターにも乗せてもらいました。当時の僕はオカッパリしかしていませんでした。グラチャンで成績も出せていたので、自分は上手いみたいに勘違いもしていました。

けれど本田さんは、「バスフィッシングはそれだけじゃないんだ」と言わんばかりに湖沼図とかをプレゼントしてくれたんですけど、正直あまり嬉しかったわけでもなく……。当時の僕を見ていて本田さんは「こういう地形の変化でバスを探していくんだよ」ということを伝えたかったのでしょうけれど、土浦周辺だけで充分に釣れていたので、そのプレゼントの意味に気づいたのはずいぶんあとになってからでした。

また、たまに草深幸範さんに誘っていただいてW.B.S.スーパースリーデイズやアメリカンドリームに出場することがあるのですが、広大な霞ヶ浦からその時々で的確なエリアを選びだす目利きのたしかさに驚かせられることが多々あります。自分はまだまだです。バスフィッシングはやればやるほど底抜けに奥が深くて、モノにしたいテクニックも開発したルアーもたくさんありますし、何よりもぜんぜん釣り足りません。

すべてを糧に

大学4年間（1997〜2001年）は地元を離れて東京へ。そして長期休暇は釣り三昧！　とはいきませんでした。僕は新聞奨学生だったので、釣りからちょっと遠ざかりました。大学1年生のときに、本山博之さんの推薦もあってパームス・フレイムのイメージキャラクターに起用されたりもし

ましたが、実際には満足に釣りができていませんでした。

新聞屋のバイクで奥多摩湖へ行ってみたりもしましたが、行ける範囲にある釣り場ではほとんどイイ思いをした記憶がありません。だいたい奥多摩湖まで片道50km以上ありましたし、アップダウンも激しかったし……、山道でパンクして走れなくなったときは途方に暮れましたよ。

大学を卒業して2001年に大好きな地元に戻って、割とすぐにジョンボートを買いました。4年の間に霞ヶ浦はずいぶん釣れなくなっていました。絶望的に釣れなかったとされる「霞ヶ浦の暗黒時代」です。浚渫を原因とする水の白濁や、上陸する台風が少なかったことによって霞ヶ浦の水が入れ替わらなかった等々、原因はさまざまに言われました。

たしかに以前と比べれば釣るのが難しくなりましたが、まったく釣れなかったかというと、そこまでのタフさではなかったというのが実感です。霞ヶ浦水系のオカッパリには開拓の余地がいっぱい残っていて、車を買ったことで行動範囲も広がり、まだまだよく釣れました。思えばこのときに「場所の重要性」や「新規エリア開拓の楽しさ」を知ったのだと思います。

けれど、このころの自分をアングラーとして最も成長させてくれたのはジョンボートでした。マイボートを手に入れて小貝川へ通うようになり、キャストスキルが向上したのと、ハードベイトの釣りやパワーゲームを覚えたことが、その後の自分にとって非常に大きかったです。

霞ヶ浦のオカッパリは「足もとを釣る」のが大基本です。ただし、「バーチカル」や「接近戦」にキャストスキルは求められないので、当時の僕はその部分がまったく磨けていませんでした。ところが小貝川は奥行きがあるブッシュの連続で、テキサスリグやラバージグをカバーの奥へ滑り込ませていかないと釣れません。

中高生のころに土浦界隈で釣果の差となったのは「精密なルアー操作」や「ルアーパワー」でしたが、このころの小貝川でモロに差が出たのは「キャストスキル」でした。オープンウォーターでクランクベイトを巻いていると小さいのはいっぱい釣れましたが、でかいのはヘビーカバーの奥を撃てないと釣れなかったのです。ブッシュと水面の隙間へズビビッ！とスキッピングでねじ込むだけでなく、細かい枝と枝の空間を射抜くキャストで水面にピタリと止めるほうが釣れるとか、時にはブッシュの外側で誘ったほうが食うとか、カバーの攻め方ひとつをとってみても、多くのことを勉強させてもらいました。

また、小型中心だったとはいえ、クランクベイトで数釣りができたのもイイ経験でしたし、それまで苦手だったスピナーベイトを克服できたどころか、最高の相棒のひとつといえるくらい使いこなせたことも当時の大きな収穫でした。

適度によく釣れたころの霞ヶ浦のオカッパリで、食わせや足もとの釣りを学ぶことができた。

グラチャンに出ることで、勝負

の楽しさを知り、競い合うことで早く上達できた。

　バスフィッシングから離れた時期のおかげで、この釣りが自分にとってどれだけ大切なものなのかを再認識できた。

　「暗黒時代」のおかげで、エリアに対する考え方が備わり、霞ヶ浦を広い視点で捉えることができるようになった。

　小貝川のジョンボート釣行で、それまでとまったく別種の釣りに触れることができた。

　バスフィッシングにのめり込んでいる、多くの先輩や仲間に恵まれてきた。

　こうして振り返ってみると、自分は本当にイイ時代にイイ釣り場でするすると釣りをしてきたなァと。そしてもちろん、今もイイ時代だと感じています。時に逆風が吹くこともありますが、だからこそいつまでもバスフィッシングが楽しめるように考え、行動していきたいと思うしだいです。

　ゴミをポイ捨てしたり、迷惑駐車をしたりは論外。釣り場は、僕らアングラーにとってはたまに遊ばせてもらいに行く場ですが、そこには必ず住んでいる人たちがいます。車のドアを開閉する音や話声も、早朝は大きく響きます。バスフィッシングを続けていくために、これらのことにはいくら気を遣っても、遣いすぎるということはありません。アンダーグラウンドな趣味ではなく、広く認められた趣味としてバスフィッシングを楽しむために。

　そしてバスという魚がいなければ、バスフィッシングを楽しむことはできません。スポーニングシーズンに合わせて禁漁区が設けられている釣り場もありますし、霞ヶ浦ではW.B.S.会長の吉田幸二さんのお願いに、多くの個人やトーナメント団体やショップ、メディアが賛同して、5月いっぱいはバスのキープを控えるアングラーが増えました。
　念のため書きますが、これは5月にバスフィッシングを禁止するものではありません。産卵床のバスを釣っても、すぐにリリースすればバスは産卵床に戻る確率が高いので、「5月は釣ったバスをその場で速やかにリリースしてください」という「お願い」です。
　もうひとつ、個人でバスを守るためにできることがあります。それは、「釣れてくれたその一尾のバスを大切に扱う」ことです。各地で釣りをする機会のある僕が、ここ数年感じているのは、アゴが割れていたり、アゴの周りの袋が破れていたりするバスが増えたこと。とくに大きくて重いバスを釣ったときにそれを感じます。バスの口を持つとき、手首を返さないようにすれば、アゴに無理な力が掛かりにくく、バスに無用なダメージを与えずに済みます。尾ビレの付け根を手で支えて、魚体を横にして持ってもイイです。
　さて、本書の原稿を書き終えて、校正も無事に終わったので、この週末は絶対に、何がなんでも、釣りに行きます！　最後まで読んでいただいてありがとうございました。皆さんも素敵なバスフィッシングを‼

川村光大郎

川村光太郎（かわむら・こうたろう）

1979年（昭和54年）茨城県生まれ。高校生時にW.B.S. グランドチャンピオンシップで頭角を現わして年間優勝2回。W.B.S. スーパースリーデイズを本山博之氏と草深幸範氏のパートナーとして2回優勝。『ルアーマガジン』の人気企画「陸王」で初代の同タイトルを獲得。『Basser』ではオカッパリオールスター第1回水郷大会優勝に始まり、第5回霞ヶ浦大会、第7回千葉・茨城キャノンボール大会でも勝ってこれまで3勝をあげている。2016年に設立したボトムアップ株式会社の代表を務める。

川村光太郎
バスフィッシング・ボトムアップアプローチ

2018 年 1 月 1 日　初版発行

http://bottomup.info/

著　者　川村光太郎
発行者　山根和明
発行所　株式会社つり人社
〒101-8408　東京都千代田区神田神保町 1-30-13
TEL 03-3294-0781（営業部）
TEL 03-3294-0713（編集部）

印刷・製本　図書印刷株式会社

ISBN978-4-86447-309-5 C2075

つり人社ホームページ　https://tsuribito.co.jp/
site B（サイト・ビー）　https://basser.tsuribito.co.jp/
釣り人道具店　http://tsuribito-dougu.com/